Andalusien

Harald Klöcker

MERIAN-TopTen

Höhepunkte, die Sie unbedingt sehen sollten

1 Semana Santa in Sevilla
Während der Karwoche finden in Sevilla spektakuläre Prozessionen statt (→ S. 21).

2 Jerez de la Frontera
Hier wird der weltberühmte Sherry hergestellt (→ S. 40).

3 Alcázar in Sevilla
Die Palastanlage von König Pedro I. (1350–1369) besitzt pompös ausgeschmückte Säle und kunstvoll gestaltete Patios (Innenhöfe) (→ S. 44).

4 Römische Siedlung Itálica
Reste einer römischen Siedlung mit Mosaiken, Wohnhäusern und einem Amphitheater (→ S. 49).

5 Bergstädtchen Ronda
Der Ort liegt eindrucksvoll zu beiden Seiten einer Schlucht, durch die der Río Guadalevín rauscht. Überdies gilt Ronda als Wiege des spanischen Stierkampfes (→ S. 59).

6 Mezquita in Córdoba
Eine prachtvollere Moschee maurisch-islamischer Provenienz gibt es auf der ganzen Iberischen Halbinsel nicht (→ S. 64).

7 Alhambra in Granada
Die weltberühmte Burganlage wurde von der UNESCO zum Weltkulturerbe erklärt (→ S. 70).

8 Gebirgsregion Las Alpujarras
Die raue, urwüchsige Bergregion ist ein Eldorado für Naturfreunde (→ S. 75).

9 Naturpark Cabo de Gata-Níjar
Dieser Naturpark wird als bedeutendstes vulkanisches Küstengebirge im Mittelmeerraum eingestuft (→ S. 83).

10 Die Route der Weißen Dörfer
Im Hinterland der Provinz Cádiz zeigt sich Andalusien von seiner romantischen Seite (→ S. 88).

MERIAN-Tipps ···>
finden Sie auf Seite 128

Inhalt

10 MERIAN-TopTen
Höhepunkte in Andalusien, die Sie unbedingt sehen sollten
⟵ Seite 1

10 MERIAN-Tipps
Tipps und Empfehlungen für Kenner und Individualisten
Seite 128 ⟶

Erläuterung der Symbole

Für Familien mit Kindern besonders geeignet

Diese Unterkünfte haben behindertengerechte Zimmer

In diesen Unterkünften sind Hunde erlaubt

CREDIT *Alle Kreditkarten werden akzeptiert*

Keine Kreditkarten werden akzeptiert

Preise für eine Übernachtung im Doppelzimmer mit Frühstück:
●●●● *ab 160 €*
●●● *ab 100 €*
●● *ab 75 €*
● *bis 45 €*

Preise für ein Menü oder Buffet, ohne Getränke:
●●●● *ab 50 €*
●●● *ab 30 €*
●● *ab 20 €*
● *bis 20 €*

Karten und Pläne

Die Buchstaben-Zahlen-Kombinationen im Text verweisen auf die Planquadrate der Karten, z. B.

→ S. 118, B 5 Kartenatlas
→ S. 37, c 2 Detailkarte innen oder Umschlagkarte hinten

Mit Straßenkarte

Extra MERIAN Quiz

→ S. 61

Andalusien stellt sich vor

Malerisch schmiegt sich das Bergstädtchen Ronda (→ S. 59) an zwei Felsmassive, die durch eine steinerne Brücke miteinander verbunden sind.

Maurenarchitektur, wilde urwüchsige Landschaft und schöne Strände – dazu kommt das intensive Licht und das sinnliche Lebensgefühl im südlichsten Teil der Iberischen Halbinsel.

Wahrscheinlich muss man mit der Intensität des Lichts und den erstaunlich verschiedenen Landschaften beginnen, wenn man Andalusien beschreiben will. Die Klischees von

Südliches Licht und abwechslungsreiche Landschaften

Flamenco-Romantik, rassigen Tänzerinnen in groß gepunkteten Folklorekleidern, Caballeros mit breitrandigem Cordobeser-Hut auf weißen Andalusierpferden gibt es zwar, aber was besagen sie?

Wer diese Region tiefer und sensibler verstehen will, sollte z. B. eine Zugreise von Málaga nach Sevilla unternehmen und durch das Zugfenster die Landschaften auf sich wirken lassen. Was sieht man dort? Leuchtend gelbe Orangen inmitten einer roten Klatschmohnwiese; weite, staubige Ebenen, durch die die Stiere traben; Felder mit cremeweißen und ziegelroten, kalkweißen, lehmig braunen, zementgrauen, ockerfarbenen, tiefschwarzen Böden. Mächtige Steineichen erkennt man, Mandelbäume und Zistrosen; Geier, die über einem Felsenriff kreisen; in Reih und Glied gepflanzte Olivenbäume bis zum Horizont; eine Schafherde, die am Fluss rastet; grelles, flirrendes Sonnenlicht über einer ausgedörrten und von der Erosion zerfurchten Steppe. So viel Weite, so viel Sonne, so viel wildes und kultiviertes Land, und dann diese Farben. Gebannt sitzt man am Zugfenster, schaut und schaut und spürt, dass dieses Andalusien nicht in kurzer Zeit zu ergründen ist.

Auf seine Weise hat dies Antonio Muñoz Molina, einer der begabtesten andalusischen Schriftsteller, zum Ausdruck gebracht: »Dennoch gibt es keine Landschaft, die man andalusisch nennen könnte, stattdessen eine Vielfalt von Sinnesreizen, die sich ohne Unterbrechung und ohne Monotonie in alle vier Himmelsrichtungen ausbreitet und dabei alle möglichen Arten von Landschaften und alle Formen der Transparenz eines Lichts umfasst, das nur in einem Punkt überall gleich ist: in seiner In-

Untrennbar mit Andalusien verknüpft ist die Alhambra (→ S. 70) in Granada. Die Pracht der Ausstattung sucht ihresgleichen.

tensität. Andalusien, das ist der Sumpf und die Wüste, ewiger Schnee und tropische Zuckerrohrfelder, der feuchte, bläuliche Nebel an der Küste von Cádiz und die wahnwitzige Helligkeit von Almería, die schwarze Erde des Guadalquivir und die rote Erde des Guadalimar, die grenzenlose Ausbreitung der Olivenhaine und Steppen von Jaén ... Um jene ›Reise um den Tag in 80 Welten‹ zu machen, die Julio Cortázar ersonnen hat, genügt es, in Andalusien vom Naturschutzgebiet Coto de Doñana zum Cabo de Gata oder den ganzen Guadalquivir entlang bis zu seiner Mündung zu fahren.«

Laut trommeln die touristischen Werbeagenturen für die komfortablen Hotelanlagen und die schönen Strände an der Costa del Sol, Costa de Alméria, Costa Tropical und Costa de la Luz. Aber das ist nur eine Facette Andalusiens. Wer begibt sich in die von glühender Sonne erfüllte Wüste von **Tabernas**, in die bizarre Karstlandschaft von **El Torcal de Antequera**, in das vulkanische Küstengebirge **Cabo de Gata**, in die herbe, wilde Einsamkeit der **Serranía de Ronda**, in die prächtigen Kork- und Steineichenwälder der **Sierra de Aracena** oder in die Tannenwälder der **Sierra de Grazalema**, wo alljährlich mehr Niederschlag fällt als in jeder anderen Gegend Spaniens? Können Sie sich für urwüchsige, von Wind, Trockenheit und Erosion gezeichnete Landschaften begeistern? Dann gönnen Sie sich eine Begegnung mit der **Sierra de Baza**, der **Sierra de Filabres**, der **Sierra de Alhamilla** oder der **Sierra de Gádor**. Mögen Sie Lichtjahre von der Costa del Sol entfernte Bergregionen, wo noch hausgeschlachtet, wo noch mit einem Maultier- oder Eselgespann auf der Tenne Getreide gedroschen wird? Dann fahren Sie einmal in die weitläufige und äußerst spärlich besiedelte **Sierra Morena** im Norden der Provinzen Jaén, Córdoba oder Sevilla.

Am Pfingstsonntag findet die Romería del Rocío, eine farbenprächtige Prozession mit tausenden von Gläubigen, statt, die der Vírgen del Rocío huldigen.

Rund 20 Prozent – ein in Westeuropa wohl konkurrenzlos hoher Anteil – des andalusischen Territoriums stehen heute unter Naturschutz:

Naturschutzgebiete und Wanderregionen

der berühmte Nationalpark **Coto de Doñana** im Mündungsbereich des Río Guadalquivir ebenso wie zahlreiche Naturparks in allen acht Provinzen. Wer mit der Stille in den Wäldern, mit weiten Blicken über unzersiedeltes Land etwas anfangen kann, wer Tiere in freier Wildbahn beobachten, in einer kraftvollen Natur wandern möchte, der tut gut daran, sich in eines der andalusischen Naturschutzgebiete zu begeben; in die Korkeichenwälder des **Parque Natural de los Alcornocales**, in die **Sierra de María**, in die **Sierra de Cazorla**, in die **Sierra Mágina**, in die **Sierra del Norte** nördlich von Sevilla oder in die **Sierra de Andújar** im Norden der Provinz Jaén. Fast alle Schutzgebiete verfügen über ein Informationszentrum.

Bei aller Begeisterung für die Landschaften und geschützten Naturgebiete: Auch die Kulturdenkmäler, insbesondere jene, die die fast 800 Jahre währende Periode der maurischen Herrschaft überdauert haben – vornehmlich die Alhambra in Granada, die Mezquita in Córdoba und die Giralda in Sevilla –, prägen das Erscheinungsbild dieser Region.

Das andalusische Lebensgefühl

Die aus dem sonnenreichen Nordafrika stammenden maurischen Kunsthandwerker verstanden es, Wohngebäude mit Innenhöfen zu konstruieren, die auch während der sommerlichen Hitze genügend erfrischende Kühle, Schatten und Durchlüftung aufwiesen. Überdies gelang es ihnen meisterhaft, Gartenanlagen mit betörend duftenden Zierpflanzen, Wasserspielen und inspirierenden Ruheplätzen anzulegen. Die Mauren schufen prächtige Badeanlagen, Moscheen, Karawansereien; sie führten leistungsfähige Bewässerungstechniken sowie die Kultivierung von Mandeln, Baumwolle, Zitrusfrüchten, Safran, Kapern, Feigen, Datteln, Reis, aromatischen Kräutern und anderen Nutzpflanzen ein; sie brannten wundervoll verzierte Kacheln (»azulejos«), bereicherten Naturheilkunde, Medizin, Astronomie und Mathematik. Schließlich besaßen sie Rausch- und Liebesdrogen und verstanden es eindrucksvoll, mit Gewürzen wie Basilikum, Koriander, Zimt, Majoran, Fenchel, Tamarinde, Minze oder Ingwer herzhafte Gerichte zu verfeinern.

Die maurische Hochkultur umfasste alle Lebensbereiche

Auch interessante Zeugnisse aus römischer Zeit – wie etwa in **Itálica** oder **Carmona** – kann man in Andalusien besichtigen. Eine viel zu wenig beachtete Kostbarkeit sind die großartigen **Renaissancepaläste** in **Úbeda** und **Baeza**. Aber Andalusien, das sind nicht nur imposante Landschaften und historische Monumente. Wer hier umherreist und die Begegnung mit den Menschen – in einer Bar, in der Markthalle oder anderswo – sucht, wird auch die Andalusier selbst, ihren Lebensstil und ihr südländisches Temperament als durchweg anregend und sympathisch empfinden. Dennoch, Andalusier sind nicht gleich Andalusier: Der Granadino aus dem rauen Bergland der Sierra Nevada ist anders als der Sevillano aus der Hauptstadt. Den Onubenses (Einwohner der Provinz Huelva) werden andere Charakterzüge nachgesagt als etwa den Malageños oder Almerienses von der Mittelmeerküste. Gemeinsam ist den Andaluces offenbar die Vorliebe für Trubel und Geselligkeit an der Bar – vielleicht der bedeutendsten Lokalität im öffentlichen Leben; die entschiedene Wertschätzung der Gemütsruhe, der Zwanglosigkeit, der Gelassenheit – Hetze, Zeitdruck, übertriebene Disziplin oder merkantile Strebsamkeit sind den meisten Andalusiern ein Greuel; die genießerische Freude an exquisitem luftgetrockneten Schinken – aus dem Hinterland der Provinz Huelva oder der Alpujarras –, an delikaten Tapas (Häppchen), an einem Gläschen Sherry Fino oder Manzanilla, beides Getränke, die – vor allem in den Provinzen Cádiz und Sevilla – ein Stück südlicher Lebensart akzentuieren.

Aber auch die Alltagsprobleme und Strukturkrisen Andalusiens sollen nicht verschwiegen werden. Viele Andalusier finden im Tourismus oder in der Landwirtschaft nur für wenige Monate in der Hochsaison eine angemessen bezahlte Arbeit. Viele benötigen auch zwei oder gar drei Jobs parallel, um genügend Geld für den Unterhalt der Familie zu verdienen. Recht düster sieht die wirtschaftliche Perspektive von jungen Leuten aus; eine gesicherte Lehrstelle finden sie meist nur noch, wenn die Eltern über sehr gute Beziehungen zu bestimmten Firmen oder Behörden verfügen. Trotz diverser Förderungs- und Investitionsprogramme der Regionalregierung trifft die wirtschaftliche Krise beispielsweise die Fischer, die kleinen Bauern, die ungelernten oder nur mäßig angelernten Arbeitskräfte besonders hart.

Den meisten Urlaubern jedoch bleiben die Alltagsprobleme der Andalusier verborgen. Sie genießen dieses so üppige magische Licht, das die Lebensgeister und Glückshormone anregt; die Abende, wenn die sommerliche Hitze des Tages gewichen ist

Oliven, Flamenco und Jasmin

und man im trauten Kreis der Freunde noch bis weit nach Mitternacht unter glitzerndem Sternenhimmel auf der Terrasse einer Bar beisammensitzt; das Talent der Andalusier für Exzesse der Lebensfreude, ihre Leidenschaft für echten Flamenco und rassige Andalusierpferde. Sie bewundern die riesigen, urweltlich anmutenden Ficus-Bäume auf den Paseos und Avenidas, den Duft von Jasmin in den Innenhöfen von Sevilla, die blau blühenden Jacarandabäume und die alten, knorrigen Olivenbäume, aus deren Früchten man in den Provinzen Jaén und Córdoba ein betörend nach fruchtigen Pfirsichen und Feigen duftendes Öl presst. Einige Träume bleiben aufgespart. Ich würde gern über genug Zeit verfügen, um einmal von der Quelle des Río Guadalquivir bis zu seiner Mündung quer durch Andalusien zu wandern oder von Ayamonte bis nach Barrancos an der portugiesisch-andalusischen Grenze entlang.

Unvergesslich bleiben der Sternenhimmel über dem **Calar Alto** in **Almería**, die Flamingoschwärme am **Cabo de Gata**, der Geschmack von Frühfeigen (»brevas«) oder einem frisch zubereiteten Gazpacho Andaluz, der Duft von gegrillten Sardinen, von am Baum gereiften Mandarinen sowie die Klatschmohnwiesen und blühenden Mandelbäume im Frühling.

Kampfstiere werden hauptsächlich im Westen Andalusiens gezüchtet.

Gewusst wo …

Die üppigen und farbenfrohen Kleider der schönen Andalusierinnen und ihr temperamentvoller Tanz ziehen bei Festen alle Blicke auf sich.

An der Küste wie im Hinterland hat die Zahl der stilvollen Hotels zugenommen. Nicht wenige besinnen sich auf architektonische Elemente aus der Maurenzeit.

Übernachten

Stilvolle Unterkünfte in Palästen, Fincas und Haciendas befinden sich auch in ländlichen Gebieten.

Nicht wenige Hotels in Andalusien erinnern an Spaniens einstigen Glanz und Reichtum, so wie hier das Hotel Alfonso XIII (→ S. 43) in Sevilla.

Im Bereich der **Costa de Almería, Costa del Sol** und **Costa de la Luz** haben sich zahlreiche Großhotels aller Komfortkategorien etabliert. Die **Hotels** werden offiziell in fünf Kategorien (ein bis fünf Sterne) eingeteilt. Fünf Sterne bedeuten Luxus. Drei Sterne entsprechen einem Mittelklasse-Niveau. Die mit dem Kürzel HS bezeichneten **Hostales** sind in drei Kategorien eingeteilt. Ein Drei-Sterne-Hostal verfügt zumeist über einen höheren Komfort als ein Ein-Sterne-Hotel. Unterhalb der Hostal-Kategorie gibt es noch **Pensiones** (P) oder **Fondas** (F), die meist recht einfach ausgestattet sind.

Die Einteilung der Hotels und Hostales in diverse Sternekategorien ist nur von bedingter Aussagekraft: Die Preise können innerhalb einer bestimmten Sterne-Kategorie recht unterschiedlich sein. Wenn immer es möglich ist: Schauen Sie sich das Zimmer an, ehe Sie es mieten. Achten Sie darauf, dass Sie ein Zimmer mit Klimaanlage und geringer Lärmbelästigung durch den oft ziemlich lauten Straßenverkehr bekommen.

Die renommierten staatlichen Parador-Hotels (**Paradores**) sind oft in historischen Gebäuden wie restaurierten Burgen, Herrensitzen oder Klöstern untergebracht. Sie verbinden eine stilvolle, landestypische Einrichtung mit gehobenem Komfort und anspruchsvollem Service. Information und Buchung:

IBERO Tours

Immermannstr. 23, 40210 Düsseldorf; Tel. 02 11/86 41 52 0, Fax 86 41 52 9; www.iberotours.de oder www.paradores.de

Zunehmender Beliebtheit erfreuen sich die diversen Unterkunftsmöglichkeiten in liebevoll hergerichteten Bauernhäusern (**Fincas oder Cortijos**) oder noblen Herrschaftsgebäuden. Es werden einzelne Zimmer oder ganze Häuser vermietet. Empfehlenswerte Unterkünfte in den ländlichen Gebieten Andalusiens bieten u. a. an:

MERIAN-Tipp

1 Parador de Úbeda

In einem aus dem 16. Jh. stammenden Prunkgebäude in Úbeda, in dem ehemals der Dechant von Málaga residierte, ist heute das stilvolle staatliche Parador-Hotel Condestable Dávalos untergebracht. Schöner Innenhof; 35 antik möblierte Zimmer; viele Gemälde, Blumenschmuck, Mobiliar aus Walnuss- und Kastanienholz. Ruhige Lage im Zentrum.

Plaza Vázquez de Molina 1, Tel. 9 53 75 03 45, Fax 9 53 75 12 59 ●●●
CREDIT → S. 111, F 7

Terraviva-Reisen

Scheffelstr. 4a, 76275 Ettlingen; Tel. 0 72 43/3 06 50, Fax 3 06 55; www.terraviva.com

Red Andaluza de Alojamientos Rurales

RAAR (andalusisches Netz für ländliche Unterkünfte)

Unabhängiger Zusammenschluss mit ca. 450 Unterkünften. Angeboten werden Guts- und Herrenhäuser, aber auch Zimmer in Fincas und Cortijos.

Aptdo. de Correos 2035, 04080 Almería; Tel. 9 50 26 50 18, Fax 53 76 77; Kontakt: Tel. 90 24 42 23 3; www.raar.es, E-Mail: info@raar.es

Kooperationspartner in Deutschland für Unterkünfte und andere touristische Dienstleistungen in Andalusien:

El Sur - Real Reisen EK

Gartenstr. 32, 65451 Leisterbach; Tel. 0 61 07/75 67 77, Fax 75 67 78; www.el-sur.de, E-Mail: hallo@el-sur.de.

Ein Katalog mit Infos (in Spanisch und Englisch) über 330 Unterkünfte in ländlichen Regionen Andalusiens kann bestellt werden, Tel. 9 02 44 22 33, Fax 9 59 27 16 78.

Empfehlenswerte Hotels und andere Unterkünfte finden Sie jeweils bei den Orten im Kapitel »Unterwegs in Andalusien«.

Essen und Trinken

Sherry, Brandy, Tapas und exquisite Schinken machen den Alltag zum kulinarischen Genuss.

»Paella« heißt Pfanne und war ursprünglich ein Arme-Leute-Essen. Heute ist es nach wie vor eines der typischen spanischen Gerichte.

Nahezu 800 Jahre lang haben die aus dem Norden Afrikas stammenden Mauren durch ihre Kultur und Lebensart vor allem die südlichen Breiten der Iberischen Halbinsel geprägt. Wer heute in Andalusien umherreist, nimmt bewundernd zur Kenntnis, dass die Mauren nicht nur in den Bereichen Architektur, Handwerks- und Bewässerungstechnik, Medizin und Gartengestaltung deutliche Spuren hinterlassen haben, sondern ebenso in der Landwirtschaft und Küche. Die heute übliche Kultivierung von Mandeln, Zitrusfrüchten, Kapern, Datteln, Feigen, Safran, Oliven, Reis oder aromatischen Kräutern wurde seinerzeit von den Mauren eingeführt bzw. vervollkommnet. Auch die Verwendung von Gewürzen wie Basilikum, Koriander, Zimt, Majoran, Fenchel, Tamarinde, Minze, Ingwer oder die Herstellung von Süßspeisen auf der Basis von Pinienkernen, Sesam, Mandeln, Sultaninen, Pistazien, Honig, Feigen oder Marzipan geht auf die Mauren zurück. Nicht wenige andalusische Restaurants besinnen sich heute auf das kulinarische Raffinement ihrer Vorfahren und verwöhnen mit maurisch inspirierten Gerichten.

MERIAN-Tipp

2 Süßwaren aus den Klöstern Sevillas

In der andalusischen Hauptstadt Sevilla stellen die Klöster San Leandro, Santa Inés und Santa Paula traditionelles Süßgebäck und andere Süßwaren her, die direkt im Kloster gekauft werden können. Renommiert sind vor allem die verführerischen »yemas« (Eigelbkonfekt) de San Leandro sowie die Marmeladensorten (auch Tomatenmarmelade) aus dem Kloster Santa Paula.

Monasterio de San Leandro, Plaza de San Ildefonso 1; Tel. 954224195
Monasterio de Santa Inés, Doña María Coronel 5; Tel. 954223145
Monasterio de Santa Paula, Santa Paula 11; Tel. 954421307

→ Umschlagkarte hinten, e 3/f 2

Das südliche Klima prägt die Essgewohnheiten

Ehe wir uns den Spezialitäten im Einzelnen zuwenden, noch ein allgemeiner Hinweis zu den andalusischen Speisen und Essgewohnheiten. Erwarten Sie kein opulentes Frühstück (»desayuno«) wie zumeist in Nord- oder Mitteleuropa. Die komfortablen Hotels mögen sich auf die Frühstücksgewohnheiten der Auslandstouristen eingestellt haben. Typisch andalusisch ist indes ein eher bescheidenes Frühstück mit einer Tasse Kaffee (»café solo«, »cortado« oder »café con leche«), etwas Brot und Marmelade oder einer Scheibe Röstbrot mit ein paar Tropfen Olivenöl, Pfeffer und Salz. Das Wort »almuerzo« meint das zweite Frühstück am späteren Vormittag. Manchmal wird damit aber auch das Mittagessen bezeichnet, das normalerweise »comida« heißt und nicht vor 14 Uhr stattfindet. Danach eine klassische Siesta – wohltuend und vitalisierend vor allem im Sommer. Die »merienda« am späteren Nachmittag besteht in der Regel aus einem Kaffee oder Gläschen Sherry mit etwas Süßgebäck. Es vergehen dann noch einige Stunden bis zur »cena«, dem Abendessen. Vor 21.30 Uhr wird in Andalusien kein Abendessen aufgetischt. Vor dem Abendessen vertreibt man sich die Zeit beim »tapeo«, nimmt hier ein Gläschen und eine kleine delikate »tapa«; in der Bar gegenüber ebenfalls ein Gläschen und einen winzigen herzhaften Imbiss. Beim Tapeo wird hemmungslos geplaudert, ein wenig auf und ab geschlendert, während der Appetit auf das eigentliche Abendessen mehr und mehr zunimmt.

Das Mittag-, vor allem aber das Abendessen erweist sich in Andalusien gewöhnlich als deftig, opulent und alles andere als kalorienarm. Die schwer verdaulichen, manchmal frittierten oder mit reichlich Knoblauch und Olivenöl zubereiteten Speisen können einem empfindlichen Magen Probleme bereiten. Guter Rat: Statt einer kompletten, den Magen gehörig strapazierenden Hauptmahlzeit nehmen Sie lieber nur eine »ración« (eine mittelgroße Portion) oder – noch abwechslungsreicher – einige »tapas« (kleine delikate Häppchen). Der Name leitet sich vom Verb »tapar« (bedecken) ab und verweist auf die vermutete Entstehung der Tapas. Immer schon wurde im andalusischen Sommer gern im Freien gegessen oder getrunken. Wurde ein aromatisch duftendes Getränk – wie etwa ein Gläschen Sherry – serviert, lockte dies die Insekten an. Deshalb bedeckte man das Glas mit einem kleinen Deckel oder Teller, auf den man als Beigabe zum Getränk ein paar Oliven, etwas Fisch, Schinken, Wurst oder andere Appetithappen legte.

Von generell herausragendem Duft und Geschmack sind die andalusischen **Olivenöle** der – stets kalt gepressten – Güteklassen Virgen Extra und Virgen. Olivenöl wird praktisch in allen andalusischen Provinzen erzeugt, die beste Qualität stammt jedoch aus den Gebieten mit einer amtlich kontrollierten Herkunftsbezeichnung (Denominación de Origen. D. O.): Dies sind die D. O. Baena (im Südosten der Provinz Córdoba), die D. O. Sierra Mágina (im Süden von Córdoba), die D. O. Priego de Córdoba (rings um die Stadt Priego de Córdoba) und die D. O. Sierra de Segura (im Nordosten der Provinz Jaén). Vielfach werden eingelegte oder gefüllte **Delikatessoliven** als Tapa gereicht. Die größten und herzhaftesten Oliven stammen meist aus der Provinz Sevilla, es sind die Sorten Gordal oder Manzanilla.

In der Sherrystadt Jerez de la Frontera (→ S. 40) können Besucher die riesigen Reifekeller der örtlichen Bodegas besichtigen – und Sherry verkosten.

Fleisch- und Wildgerichte werden in vielen andalusischen Restaurants angeboten. Beliebt sind vor allem Rezepturen mit Lamm- (»cordero«), Schweine- (»cerdo«) oder Kalbfleisch (»ternera«). Gelegentlich werden Fleischsaucen mit Sherry verfeinert – etwa bei den berühmten »riñones al Jerez« (Nieren in Sherry). Eine äußerst herzhafte Wilddelikatesse kann gefülltes bzw. mariniertes »perdiz« (Rebhuhn) oder »codorniz« (Wachtel) sein. Würsten und luftgetrocknetem Schweineschinken wird in der gesamten Region eine beachtliche Verehrung entgegengebracht. Die aromatischsten **Schinken** stammen vom schwarzen Iberischen Schwein (»cerdo iberico«), das in der Endmast mit Eicheln gefüttert wird. Heimat dieser berühmten Schinkendelikatesse, die man »jamón iberico« oder »pata negra« (schwarze Klaue) nennt, ist das Hinterland der Provinz Huelva, vor allem die Sierra de Aracena. Renommiert ist auch der luftgetrocknete, allerdings von weißen Schweinen stammende »jamón de Trevélez«. Dieser Schinken reift in der kühlen, sauberen Gebirgsluft der Alpujarras, einem Vorgebirge der Sierra Nevada. Der Reigen der Würste wird zumeist vom »chorizo« (Paprikawurst) angeführt, der warm oder (geräuchert) kalt gegessen werden kann. Sehr herzhaft kann auch die »morcilla«, eine mit Zwiebeln, Oregano und anderen Gewürzen angereicherte Blutwurst, sein.

Längs der gesamten andalusischen Küsten werden **Fischgerichte** sowie **Meeresfrüchte** angeboten. Als Spezialitäten gelten die Langostinos aus Sanlúcar de Barrameda (Cádiz), die weißen Gambas aus Garrucha (Almería), Thunfischvarianten wie die »melva canutera«, die »urta« (Zahnbrasse) aus Cádiz oder luftgetrocknetes Thunfischfilet (»mojama de atún«). Typisch für die Region sind die kleinen, in Öl frittierten Fische, einfach »fritos, pescaítos fritos« oder »chanquetes« genannt.

Exquisite Spezialitäten

Das Angebot an Süßgebäck und anderen süßen Nachspeisen Andalusiens wurde weitgehend durch die kulinarische Kultur der Mauren beeinflusst. Sehr verbreitet sind »pan de higo« (Feigenbrot), »alfajores« (Gebäck mit Mandeln und Honig), »tortas de aceite« (Fladen, aromatisiert mit Anis und Olivenöl), »polvorones« (feines Staubgebäck) oder »yemas« (Eigelbkonfekt). Interessante traditionelle Süßwaren werden heute von einigen Klöstern in Andalusien angeboten. Als von einem nahezu tropischen Klima gesegnet gilt die Costa Tropical in der Provinz Granada. Hier werden Mangos, Chirimoyas und Papayas sowie sehr wohlschmeckende Avocados (insbesondere die Sorten Hass und Fuerte) angebaut. Mehr und mehr werden in dieser begünstigten Klimazone auch Gemüse und Obst nach biologisch-dynamischen Verfahren kultiviert.

Sherry, Brandy und andere Getränke

Im Dreieck zwischen den Städten Jerez de la Frontera, Puerto de Santa María und Sanlúcar de Barrameda wird der weltberühmte **Sherry** hergestellt. Einzig aus Sanlúcar de Barrameda kommt der **Manzanilla**, eine Sherry-Fino-Variante. In den renommierten Bodegas des sogenannten Sherry-Dreiecks können Besucher besichtigen, wie Sherry – ob als Fino, Amontillado, Oloroso, Palo Cortado oder Cream – entsteht und nach dem traditionellen Solera-Verfahren in Eichenfässern reift. Die bekanntesten **Weißweine** Andalusiens, meist aus den Traubensorten Palomino Fino, Pedro Ximénez oder Moscatél gekeltert, stammen aus den Anbaugebieten Montilla-Moríles (Córdoba), wo ein dem Sherry ähnlicher Wein hergestellt wird, oder Condado de Huelva. Leichte, fruchtige **Rotweine** werden in der Gegend von Laujár (Alpujarras von Almería) gekeltert. Spitzenrotweine findet man in Andalusien kaum. Empfehlenswert sind die aus der Rebsorte Pedro Ximénez gekelterten Süßweine aus Montilla-Moriles.

Hervorzuheben ist der »gazpacho«, eine herzhaft gewürzte Gemüsekaltschale, die im Sommer herrlich erfrischt, sowie das **Mineralwasser** aus der granadinischen Gebirgsortschaft Lanjarón.

Die meisten Restaurants öffnen mittags, gönnen sich dann eine Pause und öffnen wieder zum Abendessen. In der Regel wird mittags nicht vor 13.30 oder 14 Uhr gegessen. Abends beginnt das Essen ab 20.00 Uhr, im Sommer auch ein oder zwei Stunden später. Nicht wenige Restaurants schließen am Sonntagabend. Eine telefonische Reservierung ist fast immer sinnvoll.

Empfehlenswerte Restaurants und andere Lokale finden Sie jeweils bei den Orten im Kapitel »Unterwegs in Andalusien«.

Einkaufen

Ob Kunstgewerbe, Handarbeiten oder Leckerbissen – es gibt für jeden etwas.

Wer handgefertigte Keramiken liebt, findet eine breite Auswahl. Aber ein prüfender Blick für das Original ist notwendig.

Echte andalusische Handarbeiten

Kunstgewerbliche Artikel werden in vielen Urlaubsorten, nicht zuletzt an der Costa del Sol, sowie am Eingang der viel besuchten Sehenswürdigkeiten in Granada, Sevilla und Córdoba zum Verkauf angeboten. Nicht immer sind dies tatsächlich andalusische handgefertigte Produkte, oft sind Falsifikate aus asiatischen Ländern darunter, die zu vermeintlich äußerst günstigen Preisen präsentiert werden. Wer sich vor billiger Industrieware aus Taiwan oder China schützen möchte, kauft Fächer, Tücher, Kastagnetten, schöne Haarspangen, Ohrringe, Flamenco-Utensilien oder andere Artikel in einem der alteingesessenen Fachgeschäfte und lässt sich entsprechend beraten. Gerade was kunstvoll gestaltete Fächer (in der klassischen Variante aus Schildpatt), Hals-, Schulter- und Kopftücher anbelangt, hat Andalusien hinreißend schöne Produkte zu bieten. Ähnliches gilt für Keramikerzeugnisse wie beispielsweise Kacheln (»azulejos«). In den meisten Souvenirgeschäften werden zwar Kacheln mit maurisch inspirierten Motiven angeboten, dabei handelt es sich aber um Industrieerzeugnisse. Handgefertigte und -bemalte Kacheln oder echte Kachel-Antiquitäten sind nicht gerade billig und werden gewöhnlich nur von speziellen Keramik- oder Antiquitätengeschäften angeboten.

Ein beliebtes Mitbringsel aus Granada sind die aus Metall und buntem Glas gefertigten **granadinischen Lampen**, deren Design stark an Lampen aus arabischen Kulturkreisen erinnert. Auch **Holzeinlegearbeiten** (Teetische, Schachbretter, Kistchen oder Tabletts) werden vielfach in Granada angeboten. Die wunderschönen echten Arbeiten aus Perlmutt und vielfarbigen Edelhölzern erkennt man schon am Preis. Die Varianten aus unterschiedlich gefärbtem Plastik auch. Bekannteste Ortschaft für die Herstellung von hochwertigen **Lederwaren**, vor allem originelle Taschen, Beutel, Geldbörsen oder Gürtel, ist Ubrique im Hinterland der Provinz Cádiz. Solide **Wolldecken** und **Webwaren**, manchmal im Berberstil gehalten, werden rund um Grazalema, **Sattel- und Zaumzeug** in der Ortschaft Olvera hergestellt. Auch diese beiden Orte liegen im Hinterland der Provinz Cádiz. Bekannt für seine bunten **Flickenteppiche** ist das zur Provinz Almería zählende Dorf Níjar. Auch **Keramik** und **Flechtprodukte** werden hier angeboten.

Was nehmen wir mit für die Zeit nach dem Urlaub? Wohlschmeckende Moscatel-Rosinen aus der Axarquía in der Provinz Málaga, Serrano-Schinken aus Trevélez (Granada) oder hocharomatischen Ibérico-Schinken aus der Sierra de Aracena (Huelva)? Virgen-Extra-Olivenöle aus den Provinzen Córdoba oder Jaén? Feigenbrot, luftgetrocknete Thunfischfilets (»mojáma de atún«), einen Zopf getrockneter Paprikaschoten oder Knoblauch? Eine gute Wahl sind aber auch Rosmarin-, Thymian-, Lavendel- oder Eukalyptushonig. Ausgesprochen anregend ist ein Besuch der Markthallen in den größeren Städten.

Bei den Getränken stellen Sherry und Brandy die bevorzugten Souvenirs dar. Auch ein jahrzehntelang in Eichenfässern gereifter Sherryessig ist ein lohnendes Mitbringsel.

Die Geschäfte sind in der Regel nicht vor 9 und dann bis gegen 13 Uhr geöffnet. Nach der Mittagspause öffnen die Geschäfte dann noch einmal von ca. 16 oder 17 bis 20 Uhr oder später. Einige große Warenhäuser haben auch durchgehend geöffnet.

Empfehlenswerte Geschäfte und Märkte finden Sie jeweils bei den Orten im Kapitel »Unterwegs in Andalusien«.

Feste und Events

Reichlich Essen und Trinken, dazu Musik – dies gehört zu jeder andalusischen Fiesta.

Seit 200 Jahren sind die Feria de Abril zwei Wochen nach Ostern das Top-Event in der andalusischen Hauptstadt Sevilla (→ S. 43).

Der Mai ist der große Festmonat in Córdoba. Bereits Ende April beginnen die Vorbereitungen für die »Cruzes de Mayo«, die prächtig mit Blumen geschmückten Maikreuze. Diese besondere Art der Kreuzverehrung geht auf die Zeit der Kreuzritter zurück. Rund 60 Kreuze sind dann allein in der Altstadt zu sehen. In diesen ersten Maitagen zeigt Córdoba einen besonderen Charme: Abends werden kleine Lichter, Lämpchen und Kerzen angezündet, es duftet nach Blumen und Kräutern.

Um den 4. Mai öffnen sich dann für etwa zwei Wochen die Patios, die Innenhöfe. Schöne Kacheln, Springbrunnen, Blumenarrangements mit Levkojen, Minze, Lilien, Rosen, Geranien, Veilchen, Myrte und Jasmin sind zu bewundern. Information Tel. 95 72 01 77 4; www.turismodecordoba.org und turiscordoba.es

FEBRUAR

Karneval in Cádiz

Mehr als eine Woche lang feiert die Stadt ausgelassen mit Umzügen, Maskenbällen und satirischen Darbietungen. Bedeutendstes Karnevalsfest in Andalusien.

Normalerweise zweite Februarhälfte oder bis Anfang März

MÄRZ

Semana Santa in Sevilla

Weltberühmte und viel besuchte Prozessionen und Umzüge in der Karwoche. Während der Prozessionszüge, die die Laienbruderschaften (»cofradías« oder »hermandades«) der jeweiligen Kirchengemeinden der Stadtviertel Sevillas organisieren, werden überlebensgroße Figuren und Abbilder des Heilands und der Gottesmutter durch die Straßen bis zur Kathedrale getragen. Tausende von Gläubigen begleiten diese ergreifenden, von Trauermusik und gesungenen Gebeten (»saetas«) unterlegten Umzüge, bei denen auch als Büßer verkleidete Männer (»nazarenos«) mitgehen. Sie haben das schwere Kreuz geschultert und gehen barfuß. Die bedeutendsten Umzüge finden in der Nacht von Gründonnerstag auf Karfreitag sowie am Karfreitag statt.

Karwoche; Information: Tel. 9 54 22 14 04; www.semana-santa.org

APRIL

Feria de Sevilla

Großes Volksfest auf dem Feria-Gelände zwischen der Avenida de Ramón de Carranza und der Avenida García Morato im südlichen Stadtviertel Los Remedios. Ehemals ein Getreide- und Viehmarkt (seit 1848), ist die Feria heute ein riesiger Rummel aus Tanzdarbietungen, kulinarischen Verlockungen, Geselligkeit und typisch andalusischer Rasanz.

Zwei Wochen nach Ostern

MAI

Feria del Caballo

Pferdemarkt und Volksfest in Jerez de la Frontera.

JUNI

Romería de la Virgen de la Cabeza

Wallfahrtsprozession durch Ronda.

14. Juni

Internationales Musik- und Tanzfestival

Granada

Informationen: Tel. 9 58 22 18 44, Fax 9 58 22 06 91; www.granadafestival.org; Ende Juni/Anfang Juli

JULI

Höhlenfestival

Musik, Gesänge und Ballett in der berühmten Tropfsteinhöhle von Nerja Ende Juli

Information: Tel. 95 25 29 52 0; E-Mail: cuevanerja@vnet.es

SEPTEMBER

Fiesta del Vino

Weinfest in Jerez de la Frontera.

Anfang des Monats

Sport und Strände

Für Golf, Bergwandern, Winter- und Wassersport bietet Andalusien besonders attraktive Bedingungen.

Zwischen dem Atlantik und dem Mittelmeer gelegen, verfügt Cádiz (→ S. 35) über weite Küstengebiete: zehn Kilometer Strand in der Hauptstadt, 138 Kilometer Strand in der ganzen Provinz.

Die Erschließung der andalusischen Küsten für den Massentourismus hat auch eine Vielzahl von Sportanlagen hervorgebracht. Dies gilt in besonderem Umfang für Wassersport und Golf. Unanfechtbare Hochburg für Segler und Golfer ist die Costa del Sol, vor allem in der Umgebung des Nobelortes Marbella. Für Surfer gilt die Umgebung von Tarifa – der häufig sehr rasanten Winde wegen – als andalusische Top-Destination. Die Sierra Nevada ist das wichtigste andalusische Skigebiet und wurde in den letzten Jahren zu einem modernen Wintersportzentrum aufgerüstet. Andalusien verfügt über hinreißend schöne Gebirgsregionen; Bergwanderer werden von diesen Landschaften begeistert sein, auch wenn es dort nur wenige ausgeschilderte Fernwanderwege gibt.

Wer ruhige Sandstrände sucht, findet diese eher im Bereich des Naturparks Cabo de Gata in der Provinz Almería oder an der Costa de la Luz, jedenfalls kaum im Einzugsgebiet der Costa del Sol oder Costa Tropical.

Golf

Mehr als 50 Golfanlagen gibt es derzeit in Andalusien. Generelle Infos bei:

Federación Española de Golf
Avenida Capitán Haya 9–5, 28020 Madrid; Tel. 9 15 55 26 82/27 57, Fax 9 15 56 32 90

Federación Andaluza de Golf
Calle Sierra de Grazalema 33, 5–1 B, 29016 Málaga; Tel. 9 52 22 55 99, Fax 9 52 22 03 87

Golf in der Provinz Málaga

Guadalhorce Club de Golf → S. 116, C 18
Campanillas; Tel. 9 52 17 93 78

Guadalmina Club de Golf → S. 116, B 18
Marbella; Tel. 9 52 88 33 75

MERIAN-Tipp

3 Wandern im Naturpark Sierra de Cazorla, Segura y Las Villas

Dies ist mit einer Fläche von 21 400 ha der größte Naturpark Andalusiens. Wanderer finden hier ein noch naturbelassenes Waldgebiet mit einer intakten Flora und Fauna. Wildkatzen, Mufflons, Damhirsche, Bergziegen und Wildschweine sind im Naturpark heimisch.

Infos: Agencia de Medio Ambiente, Calle Martínez Fallero 11, Cazorla; Tel. 9 53 72 01 25. Unterkünfte im Naturpark; Tel. 9 53 72 72 00 und 9 53 72 71 71. Im Naturpark gibt es auch das Parador-Hotel El Adelantado, Sacejo; Tel. 9 53 72 70 75, Fax 72 70 77; www.paradores.de; 33 Zimmer ●●●
CREDIT → S. 112, B 10–A 11

Alhaurín Golf & Country Club → S. 116, C 18
Ctra. Mijas-Alhaurín el Grande km 6; Tel. 9 52 59 59 70

La Cala Golf & Country Club → S. 116, C 18
Mijas; Tel. 9 52 66 90 00

Los Arqueros Golf → S. 116, B 18
San Pedro de Alcántara; Tel. 9 52 78 46 00

Atalaya Golf & Country Club → S. 116, A 18
Estepona; Tel. 9 52 88 38 35

Monte Mayor Golf Club → S. 116, B 18
Benahavís; Tel. 9 52 11 30 88

Golf in der Provinz Cádiz

Valderrama Golf Club → S. 116, A 19
Sotogrande; Tel. 9 56 79 57 75

San Roque Golf Club → S. 115, F 15
San Roque; Tel. 9 56 61 30 30

Golf Novo Sancti Petri ⇢ S. 115, E 14
Chiclana de la Frontera; Tel. 9 56 49 40 05

Golf Montecastillo ⇢ S. 115, E 14
Jerez de la Frontera; Tel. 9 56 15 12 00

Costa Ballena Club de Golf ⇢ S. 115, D 14
Rota; Tel. 9 56 84 70 70

Golf in der Provinz Almería
Club Golf Playa Serena ⇢ S. 118, B 22
Roquetas de Mar; Tel. 9 50 33 30 55

Club Almerimar ⇢ S. 118, A 22
El Ejido; Tel. 9 50 48 02 34-38

Golf in der Provinz Huelva
Islantilla Golf ⇢ S. 108, B 4
Isla Cristina; Tel. 9 59 48 60 39-49

Isla Canela ⇢ S. 108, B 4
Ayamonte; Tel. 9 59 47 12 88

Radfahren
Für Radausflüge in die Gebirge benötigt man eine solide Ausrüstung und eine gute Kondition. Haarnadelkurven und steile Passstraßen sind zu erwarten. Besonders lohnend sind die granadinischen Alpujarras, die Sierra de Ronda, die Sierra Nevada oder die Sierra de Grazalema.

Reiten
Seit 1998 gibt es in Estepona das Reitzentrum »Escuela de Arte Ecuestre Costa del Sol« mit Angeboten für Profis und Amateur-Reiter.
Tel. 9 52 80 80 77, Fax 9 52 80 80 78

Andalusische Reitkunst bietet die
Real Escuela Andaluza de Arte Equestre
Avenida Duque de Abrantes s/n in Jerez de la Frontera; Tel. 9 56 31 11 11, Fax 9 56 30 37 18

Angebote für Reitausflüge
Juan F. Paredes
Jerez de la Frontera; Tel. 9 56 34 47 47

Tennis
Alle Urlaubsorte und viele Hotels an der andalusischen Küste verfügen über Tennisplätze.

Wandern
Infos über Wanderrouten
Federación Andaluza de Montañismo
Calle Reyes Católicos 1/IV, Granada; Tel. 9 58 25 27 55

Wassersport
Die Region verfügt über mehr als drei Dutzend Sporthäfen mit moderner Ausstattung. Infos zum Thema **Segeln**
- Federación Española de Vela, Calle Juan Vigón 23, Madrid; Tel. 9 12 33 53 05 oder
- Federación Andaluza de Vela, Puerto de Santa María (Cádiz); Tel. 9 52 87 03 03

Infos zum Thema **Motorbootsport**
- Federación Española de Motonaútica, Avenida de América s/n, Madrid; Tel. 9 14 15 93 27

Konkurrenzloses Mekka für **Surfer** ist die Ortschaft Tarifa. Info:
- Oficina de Turismo, Paseo de la Alameda; Tel. 9 56 68 09 93

Wintersport
Zentrum ist die Sierra Nevada mit dem auf rund 2500 m gelegenen Skigebiet **Solynieve** (Veleta, Laguna, Borreguiles, Loma Dílar und Río).

Informationsbüro
- Plaza de Andalucía, Edificio Cetursa; Tel. 9 58 249111

Generelle Auskünfte
- Federación Andaluza de Deportes de Invierno, Calle Infanta Beatriz 6, Granada; Tel. 9 58 25 07 06

Skischulen
- Escuela Oficial de Esquí Solynieve; Tel. 95 84 80 01
- Escuela Española de Esquí; Tel. 9 58 48 01 68
- Escuela Internacional de Esquí; Tel. 9 58 48 01 42; www.sierranevada.es

Strände

Saubere, kaum überlaufene Sandstrände gibt es nahe dem Nationalpark Coto de Doñana, teilweise auch zwischen Conil de la Frontera und Tarifa. Das milde, sonnenreiche Klima erlaubt meist sogar im Winter Badefreuden. Offizielle FKK-Strände an der Costa Tropical: Trópico de Europa (bei Almuñécar), Cantarriján (bei Almuñécar), La Joya (bei Motril).

Empfehlenswerte Strände

Playa de Bolonia ⇢ S. 115, F 15

Westlich von Tarifa gelegener Sandstrand, der teilweise eine Breite von 100 m erreicht. Oft kräftige Atlantikwinde, daher beliebt bei Surfern.

Playa de Genoveses ⇢ S. 119, D 22

Schöner, zumeist noch nicht überlaufener Sandstrand nahe der Ortschaft San José innerhalb des Naturparks Cabo de Gata (Almería). Keine Serviceeinrichtungen am Strand. Parkplatz nahebei, von der Ortschaft San José kann man auch zu Fuß dorthin gehen. Ruhe und fast robinsonsche Verhältnisse. Weiter südlich liegen weitere, noch nicht von einem Massenpublikum erreichte Strände wie etwa Las Calas (kleine Strände zwischen Felsen) und Monsul, ein Strand nahe einer großen Sanddüne. Hochbetrieb herrscht lediglich im Ferienmonat August und an einigen Sommerwochenenden.

Playa de Matalascañas ⇢ S. 115, D 13–E 14

Grandioser, weitläufiger Sandstrand sowie Dünen nahe der Ortschaft Torre de Higuera nahe dem Nationalpark Coto de Doñana (Costa de la Luz). Im August erheblicher Andrang. Nahebei komfortable Hotelanlagen und Serviceeinrichtungen.

Playa de Vera ⇢ S. 118, B 22

Sauberer, zumeist noch nicht überlaufener Sandstrand nahe der Ortschaft Vera im Nordosten der Provinz Almería. Hier gibt es auch ein komfortables, renommiertes FKK-Hotel sowie einen FKK-Campingplatz. Auch ein Golfplatz und diverse Feriensiedlungen befinden sich in der Nähe.

Die meisten Strände am Cabo de Gata sind von San José nur zu Fuß oder mit dem Fahrrad zu erreichen. Dafür ist man dann unter sich.

Familientipps – Hits für Kids

Spanien ist ein kinderfreundliches Land. Viele Hotels haben sich auf Kinder eingestellt.

Nach oft anstrengenden Stadtbesichtigungen kann man den Kindern keine größere Freude machen, als sie am Meeresstrand spielen und toben zu lassen.

Die großen Hotelanlagen entlang der andalusischen Küsten haben sich inzwischen recht gut auf Familien mit Kindern eingestellt. Mitunter werden gar hoteleigene Spielplätze, spezielle Schwimmbecken für Kinder, Kinderbetreuungsprogramme und ein Babysitter-Service angeboten. Wenden Sie sich mit Ihren Wünschen an die Hotelrezeption. Besonders kinderfreundliche Hotels weist auch der alljährlich neu erscheinende Hotelführer (Guía de hoteles) aus, der von Turespaña in Madrid herausgegeben und im Buchhandel verkauft wird. Besondere Einrichtungen für Kinder auf Campingplätzen erläutert der Jahr um Jahr aktualisierte Campingführer (Guía de campings).

Stets interessant für Kinder ist ein Ausritt auf dem Rücken von Eseln (angeboten z. B. in Mijas oder in Vélez-Blanco), eine Fahrt mit der Pferdekutsche – etwa durch Málaga und Sevilla – oder der Besuch einer Tropfsteinhöhle wie der berühmten Cueva de Nerja.

Falls sich Ihre Kinder dafür interessieren, wie Kork wächst, sollten Sie in die Korkeichenwälder im Hinterland der Provinz Cádiz (Parque Natural de los Alcornocales) fahren. Interessant für die großen Kinder ist sicher der Besuch in einem der Informationszentren der andalusischen Naturparks, wo die örtliche Flora und Fauna erklärt wird.

Crocodile Park Torremolinos
→ S. 116, C 18
Mehr als 300 Krokodile sind hier zu sehen. Außerdem eine Ausstellung über die Lebensbedingungen von Reptilien in freier Wildbahn.
Calle Cuba 14, Torremolinos; Tel. 9 52 05 17 82; tgl. 10–18 Uhr; Eintritt Erw. 9 €, Kinder 6,50 €

Mini-Hollywood → S. 118, B 22
Mitten in der Wüstenlandschaft bei der Ortschaft Tabernas in der Provinz Almería liegt diese Westernkulissenstadt. Inzwischen zählt auch ein Zoo mit exotischen Raubtieren und anderen Tieren zu dem viel besuchten Komplex.
Tabernas (Almería), Carretera Nacional, km 138 (nahe der Abzweigung nach Granada); Tel. 9 50 36 52 36; Winter 10–19, ansonsten 10–21 Uhr; Eintritt Erw. 6,00 €, Kinder 3,60 €; Mini-Hollywood plus Zoobesuch: Eintritt Erw. 10,80 €, Kinder 5,70 €

Parque de María Luisa
→ Umschlagkarte hinten, d/e 6
Ein Hort der Erholung und Ruhe im Verkehrsgetöse von Sevilla. Freiflächen für spielende Kinder. Sitzbänke, Schatten spendende Palmen und andere alte Bäume. Es können Ruderboote ausgeliehen werden.
Avenida de María Luisa; Eintritt frei

Parque El Retiro → S. 116, C 18
Viel besuchter Vergnügungspark, der einen Ausflug lohnt.
Ctra. Coín s/n, Finca El Retiro; Churriana, nahe dem Flughafen von Málaga; Tel. 9 52 62 16 00; tgl. geöffnet; Eintritt 7,50 €, Kinder 4,50 €

Parque Submarino »Sea Life«
→ S. 116, C 18
Hier präsentiert sich die Unterwasserwelt. Lebende Haie, Rochen, Muränen, Seepferdchen und andere Lebewesen aus den Weltmeeren können beobachtet werden.
Puerto Marina, Benalmádena Costa; Tel. 9 52 56 82 39 und 9 52 56 01 50; tgl. 10–18 Uhr; Eintritt Erw. 5,85 €, Kinder 4,00 €

Tivoli World → S. 116, C 18
Beliebter Vergnügungspark mit Spielen und Attraktionen für die ganze Familie.
Arroyo de la Miel in Benalmádena bei Torremolinos; Tel. 9 52 44 28 48 und 9 52 57 70 16; nur an Wochenenden und Feiertagen von 13–23 Uhr geöffnet; Eintritt 3,60 €

Neue andalusische Weine

Nicht nur Sherry, sondern auch interessante Rot- und Weißweine sind eine Probe wert.

Alle Welt kennt Sherry aus Andalusien, einen mit Alkohol aufgespriteten und danach mehr oder weniger lange in Eichenholzfässern gereiften Wein, der in der Umgebung der Städte Jerez de la Frontera, Sanlúcar de Barrameda und El Puerto de Santa María hergestellt wird. Weniger bekannt sind die normalen, also nicht mit Alkohol aufgespriteten Rot- und Weißweine aus der südlichsten Region der Iberischen Halbinsel.

In mehreren Anbaugebieten zeigen sich bei der Weinqualität erfreuliche Fortschritte. In der zwischen der Stadt Granada und dem Meer gelegenen Sierra de Contraviesa haben die deutschen Eigentümer der Bodega Los Barrancos auf 1300 m Höhe Tempranillo- und Cabernet-Sauvignon-Reben gepflanzt und daraus nach modernen Verfahren Rotweine der Spitzenklasse hergestellt. Vor allem zeigen diese Weine ein charakteristisches, sehr individuelles Aroma. Grund dafür ist nicht zuletzt der Schieferboden, auf dem die Reben gedeihen, und das extreme Gebirgsklima, das den Reben gut bekommt.

Ähnliche Innovationen lassen sich im Hinterland der Provinz Málaga beobachten, wo viele kleinere Winzer im Rahmen des Anbaugebietes Málaga und Sierras de Málaga mit ausgefallenen Rebsorten experimentieren. Ein gutes Beispiel dafür ist die Firma Tierras de Mollina aus der Ortschaft Mollina in der Nähe von Antequera. Hier wurde im sonnenreichen Klima die Rebsorte Syrah angepflanzt und daraus ein geschmeidiger, tiefgründiger und wohl gerundeter Jungwein der Marke Gadea kreiert, der viele Kenner sehr positiv überrascht hat.

Nicht nur bei der Weinlese in der Provinz Córdoba (→ S. 63), sondern auch andernorts wird sorgfältig mit der Hand gearbeitet.

Mit angenehm fruchtigen Weißweinen und äußerst gehaltvollen Süßweinen hat sich im gleichen Anbaugebiet die Firma López Hermanos einen Namen gemacht. Auch hier erlaubt die lang anhaltende Sonneneinstrahlung die perfekte Reifung der weißen Rebsorten Moscatel und Pedro Jiménez. Neben den traditionellen Süßweinen besticht vor allem der frische Weißwein der Marke Barón de Rivero, gekeltert aus Moscatel- und Chardonnay-Trauben, durch individuelle Aromafülle.

Auch in der Umgebung der Ortschaft Ronda in der Provinz Málaga haben sich in den letzten Jahren einige Winzer mit interessanten Weinen hervorgetan. Dazu zählt unbedingt auch Friedrich Schatz, ein aus Deutschland eingewanderter Winzer, der auf seiner Finca Sanguijuela Rebsorten wie Lemberger, Pinot Noir, Muskattrollinger, Merlot oder auch Petit Verdot kultiviert und daraus Bio-Rot- und -Weißweine keltert.

Gar nicht weit ist es von der viel besuchten Stadt Córdoba bis zum Anbaugebiet Montilla-Moriles. Ein dem Sherry verwandter Weißwein, aber auch rundum originelle Süßweine und leichte, herbe Weißweine sind typisch für dieses Gebiet. Viele Jahre lang kam es hier kaum zu Modernisierungen und Innovationen, aber das ändert sich zurzeit, beispielsweise bei dem Traditionsbetrieb Bodegas Robles (seit 1927) mit jungem Team. Die Reben werden hier allesamt nach streng ökologischen Kriterien kultiviert. Die Produktpalette umfasst traditionelle, voluminöse und vielschichtige Süßweine der Rebsorte Pedro Ximénez, aber auch leichte, anregend frische Weißweine. Die Weine des sehr engagierten Teams aus dem Hause Robles wurden auf mehreren Fachmessen mit renommierten Preisen ausgezeichnet und repräsentieren einen zeitgemäßen Stil.

Rundum empfehlenswert sind in Montilla-Moriles auch die Weißweine bzw. Süßweine der Traditionsunternehmen Alvear, Pérez Barquero und Toro Albalá.

Bodega Los Barrancos S. L.
Lobras (Provinz Granada); Tel. 9 58 34 32 18 und 6 86 38 75 50; www.lavineria.de

Tierras de Mollina S. A.
Mollina (Provinz Málaga); Tel. 9 52 74 10 52; www.tierrasdemollina.net

Bodegas López Hermanos
Málaga; Tel. 9 52 31 94 54; www.lopezhermanos.com

Bodega F. Schatz
Ronda (Provinz Málaga); Tel. 9 52 87 13 13; www.f-schatz.com

Bodegas Robles
Montilla (Provinz Córdoba); Tel. 9 57 65 00 63; www.ctv.es/USERS/brobles

Alvear
Montilla; Tel. 9 57 65 01 00; www.alvear.es

Pérez Barquero
Montilla; Tel. 9 57 65 05 00; www.perezbarquero.com

Toro Albalá
Aguilar de la Frontera (Provinz Córdoba); Tel. 9 57 66 00 46; www.talbala.com

Vinícola del Condado
Bollullos del Condado (Provinz Huelva); Tel. 9 59 41 02 61; www.vinicoladelcondado.com

Unterwegs in Andalusien

Im Patio de la Acequia in Granada (→ S. 68) finden Baukunst, Garten- und Wasseranlagen zu einem harmonischen Gesamtbild zusammen.

Stille Gärten und weite Landschaften, sehenswerte Städte und endlose Strände – das Land zwischen Küste und Gebirge verzaubert durch die Vielfalt des Urlaubsangebots.

Die Costa de la Luz

Die Atlantikküste hat ihren eigenen Charme mit lebhaften Städten und beschaulichem Hinterland.

Die Plaza de San Antonio in Cádiz (→ S. 35) gehört zu den schönsten Plätzen der Wirtschafts- und Kulturmetropole.

Die atlantischen Küstenbereiche Andalusiens besitzen einen ganz eigenen Charakter mit ihrem gleißenden Sonnenlicht. Daher auch der Name: Costa de la Luz. Die hiesigen Sandstrände werden zunehmend beliebter, aber auch das gebirgige Hinterland ist eine Entdeckung wert. Das Klima ist deutlich vom Atlantik geprägt. Dazu zählt ein nicht übermäßig heißer Sommer und frische Winde im Herbst und Winter.

Huelva

→ B 4, S. 108

140 000 Einwohner

Aus der ehemaligen phönizischen Siedlung am Zusammenfluss von Río Odiel und Río Tinto ist heute ein Wirtschaftszentrum ohne besonders herausragende Sehenswürdigkeiten geworden. In der Nähe liegen Anbaugebiete für Spargel, Erdbeeren und andere Landwirtschaftsprodukte. Von der Provinzhauptstadt Huelva aus erreicht man in kurzer Zeit die im Sommer viel besuchten Sandstrände und Urlaubsanlagen der Costa de la Luz. Das Hinterland Huelvas eröffnet dem Besucher großartige Landschaften mit weitläufigen Steineichenwäldern.

Hotels/andere Unterkünfte

Monte Conquero
Günstige Lage nahe der Autobahnzufahrt. Räumlichkeiten mit einer Mischung aus andalusischen und modernen Dekorationselementen. Garage, Tagungsräume.
Pablo Rada 10; Tel. 9 59 28 55 00, Fax 9 59 28 39 12; www.hotelesmonte.com; 168 Zimmer ●● CREDIT ♿

Tartessos
Zentrale Lage, zweckmäßige Ausstattung. Beliebt bei Geschäftsleuten. Eigene Parkplätze. Angeschlossen ist das Restaurant El Aguazal.
Avenida Martín Alonso Pinzón 13; Tel. 9 59 28 27 11, Fax 9 59 25 06 17; www.hoteltartessos.com; 108 Zimmer ●● CREDIT ♿

Sehenswertes

Monumento a Cristóbal Colón
Außerhalb der Stadt erhebt sich auf der Landspitze Punta del Sebo (Richtung Punta Umbría) ein riesiges Kolumbus-Denkmal aus Granit. Es stammt von der amerikanischen Bildhauerin Gertrude Whitney und verherrlicht den Entdecker Amerikas.

Essen und Trinken

Las Candelas
Eines der besten Restaurants der Stadt. Vorzügliche Meeresfrüchte und Fischgerichte. Tadellose Fischsuppe. Aufmerksamer Service. Weine und Brandys aus der Provinz.
Avenida Huelva s/n bzw. Ctra. Punta Umbría (cruce de Aljaraque); Tel. 9 59 31 83 01; tgl. außer So ●● CREDIT

Las Meigas
Hier werden vor allem Fischdelikatessen, inspiriert von der galicischen Küche, serviert. Auch galicische Fleischspezialitäten (»chuletas de Moaña«) und galicische Weine, vor allem Albariño.
Avenida Guatemala 48 (Plaza de América); Tel. 9 59 23 00 98 bzw. 9 59 27 19 58 ●● CREDIT

Service

Auskunft
Fremdenverkehrsbüro
Avenida de Alemania 12; Tel. und Fax 9 59 25 74 03

Ziele in der Umgebung

Ayamonte

→ S. 108, B 4

17 500 Einwohner

Andalusische Grenzortschaft und Fischersiedlung am Río Guadiana. Sehenswerte Kirche **Nuestra Señora de las Angustias** mit Mudéjardecke in der Capilla Mayor. Nahebei liegen die touristischen Zentren Isla Canela, Isla Cristina, La Antilla und El Rompido mit teilweise schönen und langen

Sandstränden. Von Ayamonte aus führt eine Brücke über den Río Guadiana hinüber nach Portugal. Der Ort verfügt auch über ein landschaftlich reizvoll gelegenes Parador-Hotel (Tel. und Fax 9 59 32 07 00).

50 km von Huelva

Matalascañas → S. 115, D 13

Eine der größten touristischen Anlagen im Bereich der Costa de la Luz. Das im Sommer viel besuchte Ballungsgebiet mit seinen langen Sandstränden, komfortablen Hotels, Apartments, Restaurants, Clubs und Sportzentren grenzt unmittelbar an den Nationalpark **Coto de Doñana** an. Besucher treffen sich am Centro de Recepción El Acebuche (nordwestlich von Matalascañas). Die geführten Wanderungen beginnen um 8.30, 9 und 15 Uhr, Info-Tel. 9 59 43 04 32/51.

Weiter Richtung Provinzhauptstadt liegt das Urlaubszentrum **Mazagón** mit schönen Sandstränden. Nahebei das renommierte, direkt am Strand gelegene Parador-Hotel Cristóbal Colón (Tel. 9 59 53 63 00, Fax 9 59 53 62 28).

45 km von Huelva

Service

Auskunft

Fremdenverkehrsbüro Matalascañas

Playa s/n; Tel. 9 59 43 00 86

Moguer → S. 108, C 4

12 500 Einwohner

Geburtsort des Dichters und Literaturnobelpreisträgers Juan Ramón Jiménez, dem auch ein kleines Museum (Juan Ramón Jiménez 10; Mo–Sa 10–14 und 16.30–20 Uhr) gewidmet ist. In der Umgebung weitläufige Erdbeerkulturen. Weiter südlich am Río Tinto liegt **Palos de la Frontera.** Von hier brach Kolumbus am 3. August 1492 zu seiner Expedition in die Neue Welt auf. Noch weiter südlich befindet sich das berühmte, sehenswerte Franziskanerkloster **Monasterio Santa María de la Rábida** (Di–So 10–13 und 16–19 Uhr), wo Kolumbus im Jahre 1485 Aufnahme und Unterstützung fand.

15 km von Huelva

Sierra de Aracena und Picos de Aroche

→ S. 108, C 2–S. 109, E 3

Diese Gebirgsregion im Norden der Provinz nahe der Grenze zur Nachbarprovinz Badajoz ist ein beliebtes Wandergebiet. Mehrere gekennzeichnete Wanderrouten führen durch das abwechslungsreiche Bergland. Viele kleinere Dörfer wie etwa Almonaster la Real sind sehenswert, auch gut erhaltene maurische und christliche Kirchen. Weniger besiedelt, dafür von einer urwüchsigen Gebirgsnatur geprägt, sind die Gebiete westlich von Aracena nahe der portugiesischen Grenze. Typisch für die stark von Steineichenwäldern geprägte Region ist auch die Extensivmast der schwarzen Schweine, aus denen der renommierte Schinken »jamón Ibérico« (auch »pata negra« genannt) nach einer mehrmonatigen Lufttrocknung hergestellt wird. Zentrum der Schinkenproduktion ist die Ortschaft **Jabugo** und Umgebung. In **Aracena** ist die 1200 m lange Tropfsteinhöhle **Gruta de las Maravillas** (10–13.30 und 15–18 Uhr; Eintritt 7,70 €) zu besichtigen. Für Gruppen werden spezielle Führungen organisiert.

80 km von Huelva

Service

Auskunft

Touristenbüro Aracena

Plaza Pozo de las Nieves s/n, nahe dem Eingang zur Gruta de las Maravillas; Tel. 9 59 12 82 06

Cádiz

⇢ S. 115, D 14

160 000 Einwohner
Stadtplan → S. 37

Welch eine Historie! Unter der Bezeichnung Gadir – was so viel wie die Festung bedeutet – wurde die Stadt von den Phöniziern gegründet. Um 500 v. Chr. eroberten die Karthager die Stadt, die sie fortan Gades nannten. So hieß sie, bis sich die Römer hier niederließen und der Stadt mit dem bedeutenden Salz-, Kupfer- und Silberhafen den Namen Iulia Augusta Gaditana gaben. Unter den Mauren hieß die Stadt dann später Dschezirat Kádis. Von ihnen sind in Cádiz im Gegensatz zu vielen anderen andalusischen Städten keine Spuren erhalten. Eine neue Blütezeit erfuhr die exponiert auf einer Landzunge aus Muschelkalk gelegene Festung Cádiz durch die Entdeckung der Neuen Welt. Cádiz stieg neben Sevilla zum bedeutendsten Handelshafen für die Verbindungen mit den spanischen Überseebesitzungen auf. Im 19. Jh. wurde in Cádiz von der Nationalversammlung die erste liberale Verfassung Spaniens verkündet, die indes nur kurze Zeit währte.

Cádiz mit seiner am Ende einer 9 km langen Landzunge liegenden Altstadt besitzt heute einen bedeutenden Hafen, außerdem eine Werft- und Konservenindustrie.

Oft liegt hier über der kompakten Altstadt mit ihren historischen Bollwerken, Schutzmauern, schattigen Gassen und Kirchen ein viel gerühmtes weißes bzw. milchiges Licht, das eine eigenwillige Atmosphäre schafft. Unbedingt lohnend ist der Besuch der Museen in Cádiz, die bemerkenswert interessante Sammlungen präsentieren. Besonders hervorzuheben ist das Museo de Cádiz mit archäologischen Objekten aus der Frühgeschichte der Stadt, einer sehenswerten Gemäldesammlung und einer Ausstellung zum Puppentheater. Auch die Plätze der Stadt (Plaza de San Antonio, Plaza España, Plaza de la Mina) bereichern das urbane Ambiente.

Die Kathedrale (→ S. 36) von Cádiz liegt unmittelbar am Ufer der Atlantikküste. Sie entstand von 1720 bis 1853 und bietet besonders nachts einen wunderbaren Anblick.

Hotels/andere Unterkünfte

Atlántico → S. 37, a 1/b 1

Parador-Hotel am Rande des Parque Genovés in der Altstadt. Reizvolle Lage direkt am Atlantik. Kein historisches Gebäude, aber ansonsten der gewohnt angenehme Parador-Komfort. Schwimmbad, Garage, Einrichtungen für Körperbehinderte.

Avenida Duque de Nájera 9; Tel. 9 56 22 69 05, Fax 9 56 21 45 82; www.paradores.de; 97 Zimmer ●●● CREDIT ♿

Playa Victoria → S. 37, südöstl. d 3

Größtes Hotel am Platz, günstige Lage nahe dem Strand. Die Einrichtung ist inspiriert vom Jugendstil. Alle Zimmer mit Meeresblick. Parkplätze und ein Schwimmbad sind vorhanden. Vier Sterne.

Glorieta Ingeniero La Cierva 4; Tel. 9 56 27 54 11, Fax 9 56 26 33 00; www.palafoxhoteles.com; 188 Zimmer ●●● CREDIT ♿

Francia y París → S. 37, d 2

Mittelklassehotel, inmitten der Altstadt gelegen. Etwas altväterlicher Charme, saubere, nützlich eingerichtete Zimmer. Keine besonderen Extras. Am meisten spricht die zentrale Lage in der Altstadt für das Haus.

Plaza San Francisco 2; Tel. 9 56 22 23 48; www.hotelfrancia.com; 57 Zimmer ●● CREDIT

Spaziergang

Wir beginnen mit dem Spaziergang im Westen der Altstadt, dort, wo sich nahe dem Hotel Atlántico der **Parque Genoveses** befindet. Von hier aus gehen wir über die **Avenida Carlos III**, die **Alameda Marqués de Comillas** und die **Calle Calderón de la Barca** auf die **Plaza de la Mina** zu. Hier befindet sich das rundweg sehenswerte **Museo de Cádiz**. Über die **Calle Rosario** bzw. die **Calle de Mendizabal**, eine belebte Geschäftsstraße, erreichen wir schließlich die **Plaza de San Juan de Dios**. Der Platz gilt in Cádiz als das Zentrum des städtischen Lebens. Die **Calle Pelota** führt uns hinüber zur **Catedral Nueva** mit dem angeschlossenen **Museo Catedralicio**. Hier endet unser Spaziergang durch die Altstadt.

Sehenswertes

Catedral Nueva → S. 37, d 3

Die Kathedrale mit den beiden mächtigen Kuppeltürmen entstand zu Beginn des 18. Jh. und wurde erst Mitte des 19. Jh. vollendet. Die Hauptfassade stammt aus dem Jahre 1789. Zu den Kostbarkeiten im Innern zählt ein aus Mahagoniholz gefertigtes Chorgestühl sowie eine originelle Figur des Heiligen Bruno in der Capilla de San Sebastián. In der Krypta befindet sich das Grabmal des berühmten, in Cádiz geborenen spanischen Komponisten Manuel de Falla.

Iglesia de Santa Catalina → S. 37, b 3

In dieser aus dem frühen 17. Jh. stammenden Barockkirche sind mehrere interessante Gemälde des großen Meisters Bartolomé Esteban Murillo zu sehen. Das berühmteste ist das Gemälde »Verlobung der Heiligen Katharina«.

Campo del Sur

Iglesia de Santa Cueva → S. 37, d 2

Klassizistisches Gotteshaus aus dem Jahre 1783. Drei der fünf Lünetten in der Kuppel der Kathedrale gestaltete Francisco de Goya. Die Fresken widmen sich den Themen Hochzeitsmahl, Brotvermehrung und Abendmahl.

Calle Rosario/Calle San Francisco

Torre Tavira → S. 37, c 2

Prächtiger Turm, der einst einer begüterten Familie aus dem 18. Jh. gehörte. Im Innern befindet sich eine Camara Oscura, die Szenen aus der Stadt abbildet.

Marqués del Real Tesoro 10; Besichtigung 15. Juni–15. Sept. 10–20 Uhr, 16. Sept.–14. Juni 10–18 Uhr; Eintritt 2,40 €

Cádiz
0
300 m
N
Bahía de Cádiz
Puerto Comercial
Playa de la Caleta
Castillo de Santa Catalina
Baluarte del Bonete
Balneario de la Palma
Puerta de la Caleta
Castillo de San Sebastián
Av. Duque de Nájera
Parque Genovés
Av. Dr. Gómez Ulla
Av. Carlos III
Baluarte de Candelária
Alameda Marqués de Comillas
Alameda Apodaca
Calderón de la Barca
Pl. de la Mina
Museo de Cádiz
Pl. Los Honduras
Pozos de la Nieve
Pl. Argüelles
Pl. de España
Diputación
Fernando
El Católico
S. Germán
Av. del Puerto
Av. Ramón de Carranza
Paseo Canalejas
Pl. de Sevilla
Estación
RENFE
Plocia
Puerta de Tierra
Ayuntamiento
Pl. de San Juan de Dios
Pelota
Plaza Catedral
Museo Catedralicio
Santa Cruz
Playa Victoria
Campo del Sur
Catedral Nueva
San Juan
Compañía
Pl. Candelaria
C. San Francisco
Calle Rosario
Mendizábal
Santa Cueva
B. D. de Cádiz
Antonio López
San Pedro
Cánovas
Ancha
Sagasta
del Castillo
J. del Toro
Columela
J. de Burgos
Nicaragua
Torre Tavira
Mercado Municipal
Libertad
Arbolí
Pl. de San Antonio
Buenos Aires
A. de Castro
Carmen
Vea Murguía
Pl. del Mentidero
Gravina
Zorrilla
Torre
Cervantes
San Benjumeda
Museo Histórico Municipal
Sacramento
San Felipe Neri
Hospital del Carmen
Casa de Fragela
Gran Teatro Falla
Cobos
Hércules
Campillo de los Coches
Solano
Hospital de Mujeres
San José
San Lorenzo
Pl. Cruz Verde
Garaicochea
Cruz
Pasquín
Arteaga
María d'Arteaga
Cardoso
Pl. Tío de la Tiza
Santa Catalina
Virgen de la Palma
Pericón de Cádiz
Venezuela
Campo del Sur
B. Pérez Galdós
Chile
San Rafael
Diego Arias
Dr. Marañón
Rosa
F. Abarzuza
María
P
B
i
a
b
c
d
e
f
1
2
3
©MERIAN-Kartographie

Museen

Museo Catedralicio → S. 37, d 3
Zum ausgestellten Domschatz zählen liturgische Objekte, Gemälde und Schmuckgegenstände.
Plaza Pio XII s/n bzw. (Seiteneingang der Kathedrale) Arquitecto Acero; Di–Sa 10–12.30 Uhr; Eintritt 4 €

Museo de Cádiz → S. 37, d 1/d 2
Die Sammlung widmet sich der Archäologie, den Schönen Künsten und der Volkskunde. Zu den Prunkstücken der archäologischen Abteilung zählen zwei prachtvolle Sarkophage aus dem Jahr 400 v. Chr. Des Weiteren: Keramik, Münzen und Skulpturen aus der römischen Epoche. Ausgesprochen sehenswert ist die Gemäldesammlung mit Werken zumeist andalusischer Maler. Auch Gemälde der prominenten Meister Murillo, Zurbarán und Alonso Cano sind darunter. Ein ganzer Saal widmet sich dem Puppentheater sowie typisch andalusischen Marionettenfiguren.
Plaza de la Mina; Di–So 9.30–14 Uhr, an Feiertagen geschl.; Eintritt frei

Museo Historico Municipal → S. 37, c 2
Höchst interessante Sammlung von Fundstücken aus der Geschichte der Stadt Cádiz. Gemälde, historische Stiche, Waffen, Porträts, Übersichtskarten. Ein aus Mahagoni und Ebenholz gefertigtes Modell der Stadt stammt aus dem Jahre 1779. Das Museum existiert bereits seit dem Jahre 1912 und ist damit eines der ältesten Andalusiens.
Calle Santa Inés 9; Winter Di–Fr 9–13 und 16–19 Uhr, Sommer Di–Fr 9–13 und 17–20, Sa, So 9–13 Uhr; Eintritt frei

Essen und Trinken

Achuri → S. 37, e 3
Interessante kulinarische Kreationen zu erstaunlich günstigen Preisen. Äußerst delikate Stock- und Klippfischgerichte. Auch die Sardellen (»anchoas«) sind köstliche Leckerbissen.
Plocia 15; Tel. 9 56 25 36 13; Di, Mi und So abends sowie 24. Dez.–7. Jan. geschl.
●●● MASTER VISA

El Faro → S. 37, b 3
Seit langer Zeit das renommierteste und anspruchsvollste Restaurant der Stadt. Exquisite Meeresfrüchte- und Fischgerichte. Kompetente, stets um Neuerungen und Traditionspflege bemühte Leitung. Sehr umfangreiches Weinangebot, kreative Nachspeisen. Hoher Erlebniswert.
San Félix 15; Tel. 9 56 21 10 68; Reservierung ratsam ●●● CREDIT

La Costera → S. 37, südöstl. e 3
Außerhalb der Stadt am Paseo Marítimo gelegen. Gediegene, aber nicht überragende Küchenleistungen. Meeresfrüchte und Fischgerichte sowie andalusisch-baskische Traditionsrezepturen. Renommierte Rioja-Weine. Klimaanlage, eigene Parkplätze, Terrasse.
Dr. Fleming 8 (Ecke Paseo Marítimo); Tel. 9 56 27 34 54 ●● AmEx MASTER VISA

La Posada de Herakles → S. 37, d 2
Günstige Lage in der Altstadt nahe der Plaza de la Mina. Kleines Restaurant in einem restaurierten historischen Gebäude. Die Speisekarte wechselt monatlich. Spezialitäten der Provinz Cádiz, vor allem anspruchsvolle Fischgerichte. Weine aus Rioja, Ribera del Duero etc. Freundliche Leitung unter der Ägide von Pepi Moreno und Cristóbal Acosta.
Calle Sagasta 3; Tel. 9 56 22 95 39; Mo und So abends geschl. ●● CREDIT

Ventorillo El Chato → S. 37, südöstl. f 3
Das historische Gebäude war ehemals eine Poststation bzw. Herberge und Gasthaus (»venta«). Heute werden hier exquisite andalusische Traditionsgerichte serviert. Köstliche Fischgerichte, originelles Weinsortiment.

Vía Augusta Julia s/n; Tel. 9 56 25 00 25; So geschl. ●● AmEx MASTER VISA

EINKAUFEN

Charcuteria Vistahermosa
Exquisites Angebot an luftgetrocknetem Serrano-Schinken, Ibérico-Wurstwaren und anderen andalusischen und spanischen Delikatessen. Sehr empfehlenswert.
Cayetano del Toro 1

Mercado Municipal → S. 37, c 3
Große Markthalle im Zentrum der Altstadt. Enormes Angebot an Fisch, Meeresfrüchten, Fleisch, Gemüse, Obst, Gewürzen, Oliven, Blumen und Lederwaren. Sonntags vormittags Flohmarkt rings um die sehenswerte, schön verzierte Markthalle. Angenehm volkstümliches Ambiente und günstige Preise.
Calle Libertad

SERVICE

Auskunft

Fremdenverkehrsamt → S. 37, e 3
Paseo Canalejas s/n; Tel. 9 56 24 10 01, Fax 9 56 24 10 05; www.cadizturismo.com

Ziele in der Umgebung

Arcos de la Frontera

30 000 Einwohner → S. 115, F 14

Exponierte Lage auf einem Felssockel. Dies ist eines der ansehnlichsten der Weißen Dörfer Andalusiens. Vorbildlich erhaltene Altstadt mit steilen und verwinkelten Gassen. Die Stadt, unter den Mauren Medina Arkosch genannt, verfügt heute über ein viel gerühmtes Parador-Hotel. Die Karwoche (»Semana Santa«) wird hier besonders prächtig gefeiert, am Ostersonntag folgt dann ein Stiertreiben (»Encierro«) durch die engen Gassen der Altstadt.
50 km von Cádiz

Conil de la Frontera

15 000 Einwohner → S. 115, E 15

Einer der reizvollsten Badeorte an der Costa de la Luz mit einem kleinen Hafen und einer noch recht ursprünglich gebliebenen Altstadt. Mehr und mehr

Die Altstadt des maurisch geprägten Arcos de la Frontera mit ihren engen Gassen, weiß getünchten Häusern und kleinen Stützbögen steht unter Denkmalschutz.

wird auch Conil de la Frontera vom Tourismus entdeckt. Etwa auf halbem Weg zwischen Conil de la Frontera und Tarifa liegt die Küstenortschaft **Zahara de los Atunes**, ein im Mittelalter berühmtes Zentrum für den Fang von Thunfischen.
40 km von Cádiz

Jerez de la Frontera

190 000 Einwohner → S. 115, E 14

Zusammen mit den Nachbarstädten El Puerto de Santa María und Sanlúcar de Barrameda weltberühmtes Zentrum der Sherry- und Brandy-Produktion. In riesigen Reifekellern entwickeln sich hier die zumeist aus der Palomino-Fino-Traube gekelterten Grundweine zu Sherry oder Brandy. Grundlage ist das Solera-Verfahren, bei dem die noch jüngeren Grundweine Schritt für Schritt mit den gereifteren vermischt werden.
30 km von Cádiz

Hotels/andere Unterkünfte

Jerez
Nach einer umfassenden Renovierung nun in einem zeitgemäßen komfortablen Standard. Schwimmbad, Tennisplätze, schöne, gepflegte Gärten.
Avenida Alcalde Álvaro Domecq 35; Tel. 9 56 30 06 00, Fax 9 56 30 50 01; www.jerezhotel.com; 131 Zimmer ●●● CREDIT ♿

Doña Blanca
Solides Mittelklassehotel im historischen Zentrum der Stadt.
Bodegas 11; Tel. 9 56 34 87 61, Fax 9 56 34 85 86; www.hoteldonablanca.com; 30 Zimmer ●● CREDIT

Sehenswertes

Bodegas
Eine ganze Reihe von Bodegas kann man – zumeist nur vormittags an Werktagen – besichtigen. Reservierung ist ratsam, teilweise wird Eintritt erhoben.

González-Byass
Calle Manuel González s/n; Tel. 9 56 34 00 00

Grupo Garvey
Ctra. Cirunvalacón s/n; Tel. 95 63 19 65 0; www.grupogarvey.com

Pedro Domecq
Calle San Ildefonso 3; Tel. 9 56 15 15 00 bzw. 9 56 33 18 00

Nordwestlich von Conil de la Frontera finden sich inmitten der Steilküste schöne Strandbuchten, im Südosten liegen attraktive Sandstrände.

Sandeman
Calle Pizarro 10; Tel. 9 56 30 11 00

Essen und Trinken

El Bosque
Im andalusischen Traditionsstil eingerichtet, attraktive Lage am Rande eines Parks. Kompetent agierender Service. Solide Küche mit andalusischen Spezialitäten. Besonders köstlich: der Entenschinken.
Avenida Alcalde Álvaro Domecq 26; Tel. 9 56 30 70 30 und 9 56 30 33 33; So und Aug. abends geschl. ●●● CREDIT

La Mesa Redonda
Noble Ausstattung, im Residenzviertel der Stadt gelegen. Anspruchsvolle Jerezaner genießen hier andalusische Rezepte. Wildgerichte in der Saison.
Calle Manuel de la Quintana 3; Tel. 9 56 34 00 69; So und an Feiertagen, in den ersten drei Wochen im Aug. sowie am Osterwochenende geschl. ●●● CREDIT

Service

Auskunft
Fremdenverkehrsbüro
Calle Larga 39; Tel. 9 56 33 11 50, Fax 9 56 33 17 31

Sanlúcar de Barrameda

56 000 Einwohner S. 115, D 13

Berühmte Stadt nahe der Mündung des Río Guadalquivir. Kolumbus, Magellan (Fernão de Magalhães), Juan Sebastián Elcano und andere Seefahrer brachen von hier zu Expeditionen in die Neue Welt auf. Typisches Getränk der Stadt ist Manzanilla, eine trockene Variante des Sherry-Fino, dem während der Reifung das hiesige atlantische Klima ein besonderes, leicht salziges Aroma verleiht. Exquisit dazu sind auch die Langostinos aus Sanlúcar de Barrameda.
40 km von Cádiz; Info beim Verkehrsamt: Calzada del Ejército s/n; Tel. 9 56 36 61 10

MERIAN-Tipp

4 Sierra de Grazalema

Der rund 51 695 ha großer Naturpark (Parque Natural) liegt im gebirgigen und bewaldeten Hinterland der Provinz Cádiz. Das Gebiet ist stark vom atlantischen Klima geprägt und gilt als das regenreichste Spaniens. In den Höhenlagen über 1000 m gedeiht hier der Pinsapo, eine sehr seltene, fast nur hier vorkommende Tannenart (Igeltanne). Innerhalb bzw. am Rande des landschaftlich äußerst reizvollen Naturparks, der viel von Wanderern und Naturfreunden besucht wird, liegen die Ortschaften Grazalema, Ubrique (Lederwarenherstellung), El Bosque, Zahara de la Sierra und Villaluenga del Rosario.
S. 115, D 14

Tarifa

S. 115, F 15

15 000 Einwohner

Südlichste Stadt des europäischen Festlands, dort gelegen, wo Atlantik und Mittelmeer aufeinander treffen. Sehenswerte Altstadt und – bei klarer Sicht – grandiose Blicke hinüber auf den afrikanischen Kontinent. Tarifa ist das bedeutendste Surferzentrum Spaniens.
100 km von Cádiz

Hotel/Essen und Trinken

Hurricane
Bei Windsurfern beliebtes Hotel. Üppige Gärten, guter Mittelklasseservice, California-Flair für Windsurfer-Freaks. Restaurant mit geradezu familiärem Ambiente. Fisch- und Fleischgerichte, die oft nach nordafrikanischer Art gewürzt werden. Besonders lecker: der marinierte Thunfisch.
Carretera Cádiz-Málaga km 77; Tel. 9 56 68 49 19, Fax 9 56 68 45 08; www.hurricane.com; 33 Zimmer ●●● CREDIT ♿

Sevilla und Umgebung

Sehenswürdigkeiten und Lebensfreude akzentuieren den Charakter dieser Metropole.

Die halbkreisförmige Plaza España ist der Renommierplatz der andalusischen Hauptstadt Sevilla.

Sevilla ist die Metropole des andalusischen Westens. Prächtige Bauwerke zeugen vom ehemaligen Reichtum der Stadt im Mittelalter. Kunstmuseen, Feste, viele typische Bars und Restaurants machen den Besuch der Stadt attraktiv. Rund 10 km nördlich der Stadt lohnt die Besichtigung von Itálica, der ersten römischen Siedlung auf der Iberischen Halbinsel.

Sevilla

S. 109, E 4

700 000 Einwohner
Stadtplan → Umschlagkarte hinten

Bedeutung hatte die Hafenstadt am Río Guadalquivir schon während der römischen und maurischen Epoche. Colonia Iulia Romula hieß Sevilla bei den Römern, Ichbilīja bei den Mauren vom 8. bis zum frühen 13. Jh. 1248 eroberten die Militärverbände der Katholischen Könige die Stadt. Eine Zeit der wirtschaftlichen und kulturellen Blüte erlebte Sevilla nach der Entdeckung der Neuen Welt. Nach 1503 avancierte Sevilla zum Haupthafen für den Handel mit den spanischen Überseekolonien. Der erworbene Reichtum wurde vielfach in prachtvolle Repräsentationsbauten und die Förderung der Künste gesteckt. Prominente Maler wie B. E. Murillo und Francisco de Zurbarán schufen bedeutende Kunstwerke in der Stadt.

Sevilla, Hauptstadt Andalusiens und der Provinz Sevilla, ist heute rund ums Jahr ein begehrtes Ziel von Touristen aus aller Welt. Die Kathedrale mit der Giralda, das Stadtviertel Santa Cruz, der Alcázar mit seinen Gärten, die Kunstmuseen, das lebhafte Flair in den Gassen, viele verlockende Tapas-Bars – Sevilla bietet seinen Besuchern eine Melange aus historischen und zeitgenössischen Attraktionen.

Ein Besuch im August ist nicht zu empfehlen, weil die Hitze dann sehr groß und fast unerträglich ist.

Hotels/andere Unterkünfte

Alfonso XIII

Umschlagkarte hinten, d 5

Luxus, Stil und historisches Ambiente für höchste Ansprüche. Der nobelste Klassiker der Sevillaner Hotelszene. Hier logierten schon prominente Aristokraten, Magnaten, Regierungschefs, Filmstars und berühmte Schriftsteller. Schwimmbad, schöner Innenhof, Dekorationen im Neo-Mudéjarstil.

San Fernando 2; Tel. 9 54 91 70 00, Fax 9 54 91 70 99; www.alfonsoxiii.com; 147 Zimmer ●●●● CREDIT

América

Umschlagkarte hinten, c 3

Mitten im Geschäftszentrum gelegen. Solides Mittelklasseniveau mit durchweg passabler Ausstattung der Zimmer.

Jesús del Gran Poder 2; Tel. 9 54 22 09 51, Fax 9 54 21 06 26; www.hotelamericasevilla.com; 100 Zimmer ●● CREDIT

Fernando III

Umschlagkarte hinten, e 4

Mittelklassehotel mit hinreichend zweckmäßiger Ausstattung. Günstige Lage zwischen den Stadtvierteln Santa Cruz und Morería. Garage, Schwimmbad. Ruhige Zimmer auf der Rückseite des Hotels.

San José 21; Tel. 9 54 21 73 08, Fax 9 54 22 02 46; www.hotelfernandoiii.com; 157 Zimmer ●● CREDIT

Style Derby

Umschlagkarte hinten, c 3

Das modern eingerichtete Hotel wurde zur Expo 1992 eröffnet. Gutes Mittelklasseniveau, zentrale Lage, aufmerksamer Service. Drei Sterne.

Plaza del Duque de la Victoria 13; Tel. 9 54 56 10 88, Fax 9 54 21 33 91; reservas@hotelderby.com; 75 Zimmer ●● CREDIT

Spaziergang

Ein schöner und interessanter Weg führt uns durch das **Barrio de Santa Cruz**, das einstige Judenviertel von

Die teils maurisch inspirierten, teils im Stil der Renaissance gehaltenen Parkanlagen des Alcázar sind eine wohltuende Oase inmitten der Großstadt.

Sevilla, wo zahlreiche prächtige Bauten und lauschige Innenhöfe aus historischer Zeit überdauert haben. Wir gehen gegenüber der Kathedrale auf der **Plaza del Triunfo** los, überqueren den **Patio de Banderas** und folgen der **Calle de Judería** bis zum **Callejón de Agua**. Er führt an der Mauer der Alcázar-Gärten entlang bis zur **Plaza Santa Cruz**, die diesem Viertel seinen Namen gegeben hat. Hier endet dieser mögliche Spaziergang.

Sehenswertes

Alcázar

⟶ Umschlagkarte hinten, d 5

3 Reales Alcázares lautet der offizielle Name dieser wundervollen Palastanlage, die in ihren Ursprüngen auf einen Bau aus maurischen Zeiten (9. Jh.) zurückgeht. Nach ihrer Eroberung Sevillas bemächtigten sich die christlichen Könige des Palastes. Zu einer Erweiterung und neuen Ausgestaltung des Alcázars kam es unter König Pedro I., dem Grausamen (1350–1369), der maurische Handwerker engagierte, um den Bau in eine prachtbetonte königliche Wohnstatt im Stile des Mudéjar zu verwandeln. Heute gilt er als bemerkenswertestes Mudéjar-Bauwerk in ganz Spanien. Besonders sehenswert sind die vier Patios, der Palast Pedros des Grausamen sowie der prächtige Saal der Gesandten (**Salón de los Embajadores**). Darüber hinaus verfügt der Alcázar über eine erlebenswerte Parkanlage mit würdigen Bäumen und herrlichen Pflanzenarrangements. Im Hochsommer finden hier auch nächtliche Konzerte statt. Info: www.patronato-alcazarsevilla.es.

Plaza del Triunfo; Di–Sa 9.30–19, So 9.30–17 Uhr; Eintritt 5 €

Casa de Pilatos

⟶ Umschlagkarte hinten, e 3

Dieser prächtige Stadtpalast, heute im Besitz der Herzöge von Medinaceli, entstand zwischen 1492 und 1520. Das um einen Patio konstruierte Prachtgebäude zeigt architektonische Elemente des Mudéjar, der Gotik und der Renaissance. Im Innern sind kostbare Artesonadodecken, Möbel, Skulpturen und andere Kunstgegenstände zu sehen.

Plaza de Pilatos; tgl. 9–18 Uhr; Eintritt 6 €

Catedral

⟶ Umschlagkarte hinten, c 4/d 4

Dort, wo sich ehemals die maurische Hauptmoschee von Sevilla befand, ließen die christlichen Herrscher zwischen 1402 und 1506 eine mächtige Kathedrale errichten. Für diesen Bau wurden damals weite Teile der maurischen Moschee abgerissen. Mit ihren Maßen von 115 m Länge, 74 m Breite und einer Höhe von 40 m ist sie die größte gotische Kathedrale der Welt. An der Nordseite erhebt sich die 97 m hohe, kunstfertig aus Ziegeln gemauerte **Giralda**, die zwischen 1184 und 1196 errichtet wurde und seinerzeit als Minarett der maurischen Hauptmoschee diente. Die Giralda mit der Wetterfahne auf der Spitze ist heute das Wahrzeichen Sevillas. Besucher können im Turm bis zu einer Plattform hochsteigen, von der sich ein einzigartiger Blick über die Stadt eröffnet. Größte Kostbarkeiten im Innern der Kathedrale sind die **Capilla Mayor**, die **Capilla Real**, das mächtige **Retabel** sowie mehrere **Grabmäler**, darunter das von Cristóbal Colón und seines illegitimen Sohnes. Durch die Puerta de los Naranjos tritt man hinaus in den Orangenhof (**Patio de los Naranjos**), den Hof der ehemaligen Moschee.

Plaza del Triunfom; Mo–Sa 10.30–17, So 10–13.30 Uhr; Eintritt 7 €, auch für Kinder ab 12 Jahren, So 14–18 Uhr freier Eintritt

Isla Mágica

⟶ Umschlagkarte hinten, a 1

Vergnügungspark auf dem Gelände der Expo 1992. Allerlei Unterhaltungsdarbietungen und Attraktionen, thematisch konzentriert auf die Entdeckung der Neuen Welt im 16. Jh.

Isla de la Cartuja/Pabellón de España; Tel. 9 54 46 14 93; www.islamagica.es; Mai–Anfang Nov. tgl. 11–19 Uhr, Mitte Juni–Mitte Sept. 11–23 Uhr; Eintritt Erw. 20,50 €, Kinder 13,80 €, reduzierte Preise nach 19 Uhr

Parque de María Luisa

⟶ Umschlagkarte hinten, d 6/e 6

Der rund 400 000 qm große, frei zugängliche Stadtpark mit seinem alten Baumbestand erhielt sein heutiges Aussehen weitgehend zur Zeit der Ibero-Amerikanischen Ausstellung im Jahre 1929. In der Nähe der Plaza de España, eines der prächtigsten Plätze der Stadt.

Die größte gotische Kathedrale der Welt steht in Sevilla. Die Giralda, das zum Glockenturm umfunktionierte Minarett, ist das Wahrzeichen der Stadt.

Santa Cruz

⇢ Umschlagkarte hinten, d 4/e 5

Das viel besuchte, direkt an den Alcázar angrenzende Altstadtviertel Barrio de Santa Cruz mit seinen hübschen Bars und Restaurants war in maurischer Zeit auch Wohnstätte der jüdischen Gemeinde von Sevilla.

Torre del Oro

⇢ Umschlagkarte hinten, c 5

Neben der Giralda eines der Wahrzeichen der Stadt. Der zwölfeckige Turm wurde im frühen 13. Jh. als Leucht- und Wachturm erbaut. Ursprünglich war der Turm mit vergoldeten Fliesen (**azulejos**) gedeckt, daher der Name. Im Turm ist heute das **Museo Marítimo**, das Schifffahrtsmuseum (Di–Fr 10–14, Sa und So 11–14 Uhr) untergebracht.

Paseo de Cristóbal Colón

MUSEEN

Museo Arqueológico Provincial

⇢ Umschlagkarte hinten, südl. d 6

Archäologische Fundstücke aus prähistorischen, römischen und mittelalterlichen Zeiten. Interessante Relikte aus Tartessos und Itálica.

Plaza de América; Di–So 9–14 Uhr; für EU-Bürger Eintritt frei

Museo de Arte Contemporaneo

⇢ Umschlagkarte hinten, d 5

Zeitgenössische Kunst, präsentiert in einem ehemaligen Kornspeicher des Rathauses aus dem 18. Jh.

Santo Tomás 5; Di–Fr 10–20, Sa, So 10–14 Uhr

Museo de Artes y Costumbres Populares

⇢ Umschlagkarte hinten, südl. d 6

Volkskundemuseum. Gezeigt werden historische Alltagsgegenstände, Mobiliar, Trachten, Kunstgewerbe.

Plaza de América (Pabellón Mudéjar); Di–So 9–14.30 Uhr, an Feiertagen geschl.

Museo de Bellas Artes

⇢ Umschlagkarte hinten, b 3

Eines der bedeutendsten Kunstmuseen Andalusiens, das einige Kostbarkeiten aus dem »Goldenen Jahrhundert«, dem **Siglo de oro** (17. Jh.), beherbergt, ist im restaurierten Kloster La Merced untergebracht. Große Gemäldesammlung mit herausragenden Werken, wie z. B. den Mönchszyklen von Francisco de Zurbarán und weiteren Meisterwerken von Velázquez, El Greco, Murillo, Cano u. a.

Plaza del Museo 9; Di 15–19, Mi–Sa 10–19, So 10–14 Uhr

Der Weg zum Alcázar-Palast (→ S. 44) führt durch eine unvergleichliche Parkanlage.

Museo Taurino

⇢ Umschlagkarte hinten, b 4

Umfassende Sammlung zur Geschichte des Stierkampfs. Dazu zählt auch ein von Picasso bemalter Umhang für Stierkämpfer.

Plaza de Toros de la Real Maestranza (Paseo de Colón); Mo–Fr 10–13.30 und 16–17.30, Sa 10–13.30 Uhr; Eintritt 4 €

Essen und Trinken

Tipps für Restaurants, Bars und Tapa-Lokale gibt die Broschüre »El Giraldillo«, die kostenlos beim Fremdenverkehrsamt erhältlich ist.

Becerrita

⇢ Umschlagkarte hinten, f 3/f 4

Andalusische Traditionsgerichte werden hier auf klassische oder leicht abgewandelte Weise zubereitet. Äußerst delikat: der Seehecht in Mangoldcreme.

Recaredo 9; Tel. 9 54 41 20 57; So abends und in der zweiten Augusthälfte geschl.

●● CREDIT

Casa Robles

⇢ Umschlagkarte hinten, d 4

Seit 1954 ein Klassiker in der örtlichen Restaurantlandschaft. Zentral gegenüber der Giralda gelegener Familienbetrieb. Gediegen zubereitete andalusische und spanische Rezepturen: Steinbutt mit Gemüsen der Saison, Fischspezialitäten und Meeresfrüchte aus Huelva.

Álvarez Quintero 58; Tel. 9 54 21 31 50 ●● CREDIT

Taberna del Alabardero

⇢ Umschlagkarte hinten, b 4

Renommiertes Gourmet-Restaurant, untergebracht in einem historischen Gebäude der Altstadt. Kultiviert verfeinerte andalusische Spezialitäten auf hohem Niveau. Fantasievoll und delikat zubereitete Nachspeisen. Opulentes Weinsortiment.

Zaragoza 20; Tel. 9 54 50 27 21; www.tabernadelalabardero.com; Aug. geschl. ●● CREDIT

MERIAN-Tipp

5 Museo del Baile Flamenco

Das Museum in der Altstadt nahe der Plaza de Alfalfa wurde im April 2006 für das Publikum eröffnet und widmet sich der Geschichte und Gegenwart des Flamenco. Die in sechs Sprachen (auch Deutsch) kommentierte Schau geht auf eine Initiative der prominenten spanischen Flamencotänzerin Cristina Hoyos zurück. Das Museum ist multimedial angelegt und will die Ursprünge des Flamenco sichtbar und hörbar machen. Auch das Tanztraining wird gezeigt. Insgesamt eine sinnliche und abwechslungsreiche Präsentation, die den Flamenco auf authentische Weise erleben lässt. Mit Abstand das niveauvollste Flamenco-Museum in Andalusien.

Calle Manuel Rojas Marcos 3; www.museoflamenco.com; tgl. 9–19 Uhr; Eintritt Erwachsene 10 €, Kinder 6 € Umschlagkarte hinten, d4

Casa Anselma

⇢ S. 92, a 5/b 5

Sympathische, stadtbekannte Bar im Viertel Triana jenseits des Río Guadalquivir. Ab Mitternacht, oft erst nach 2 Uhr wird hier auf beeindruckende Art Musik improvisiert. Die Besitzerin Anselma singt unter einem Madonnenaltar mit rauer, ergreifender Stimme. Authentische Flamenco-Musik für ein Publikum von Stammgästen. Spontane Sevillanas-Tänze. Zwanglose Atmosphäre. Erst ab 23.30 Uhr geöffnet.

Pagés del Corro 49; So geschl. ●

Einkaufen

Süßgebäck aus Sevillaner Klöstern ist hier ein Muss (→ MERIAN-Tipp S. 15).

El Prostigo

⇢ Umschlagkarte hinten, c 4

Kunstgewerbe und Handwerk.

Calle Arfe s/n

Palmengesäumte Straßen laden das ganze Jahr über zu einem gemütlichen Bummel ein.

Donnerstagsmarkt in Sevilla

→ Umschlagkarte hinten, d 1/d 2

»El Jueves« heißt hier der berühmte Flohmarkt, der stets in der Calle Feria stattfindet. Man sollte früh am Vormittag kommen, dann ist die Auswahl noch am größten: Gemälde, Antiquitäten, gebrauchtes Mobiliar, Waffen, Münzen, Bücher, antike Kacheln und vieles andere mehr.

Sonntagsmärkte

→ Umschlagkarte hinten, c 2/d 1 bzw. c 4/d 3

Briefmarken und Münzen (Plaza del Cabildo), Haustiere (Plaza Alfalfa), Flohmarkt und Antiquitäten (Alameda de Hércules).

– **Aeropuerto de Sevilla** → Umschlagkarte hinten, nordöstl. f 4
(Autopista San Pablo s/n)
Tel. 9 54 44 91 28 und 9 54 44 91 29, Fax 9 54 44 91 29

– **Bahnhof Santa Justa**
→ Umschlagkarte hinten, östl. f 3

Am Abend

Aktuelle Tipps gibt die Monatsbroschüre »El Giradillo«, kostenlos erhältlich beim Fremdenverkehrsamt.

Abades

Viel besuchte Nachtbar. Stammgäste: Beaus, Jetset.

Abades 13

El Coto

→ Umschlagkarte hinten, östl. F 4

Noble Diskothek im Großhotel Los Lebreros. Überwiegend jugendliches Publikum.

Luis Montoto 13

Sala Malandar

→ Umschlagkarte hinten, b 2

Niveauvolles Nachtlokal mit anregender Musik und abwechslungsreichem Spirituosen-Angebot. Gelegentlich auch Live-Musik. Lockeres, zwangloses Ambiente. Ab 23 Uhr bis zum Morgengrauen geöffnet.

Calle Torneo 43

Flamenco-Lokal La Carbonería

Sehr empfehlenswertes Kulturzentrum mit authentischen Flamenco-Darbietungen und Livemusik in einer ehemaligen Kohlenhandlung. Jugendliches, intellektuelles, zumeist einheimisches Publikum. Am Wochenende sehr voll. Mehrere zusammenhängende Räumlichkeiten, überdachter Hof, zivile Getränkepreise. Am besten ist das Lokal per Taxi zu erreichen. Kein Eintritt.

Calle Levíes 18; Tel. 9 54 21 44 60

Service

Auskunft

Fremdenverkehrsämter

– **Avenida de la Constitución 21 (gegenüber der Kathedrale)**
→ Umschlagkarte hinten, c 5/d 5

Tel. 9 54 22 14 04 und 9 54 21 81 57, Fax 9 54 22 97 53
- Calle Arjona 28
→ Umschlagkarte hinten, a 4
(nahe der Brücke Puente Isabel II)
Tel. 9 54 22 17 14, Fax 9 54 22 95 66
- Aeropuerto de Sevilla
→ Umschlagkarte hinten, nordöstl. f 4
(Autopista San Pablo s/n)
Tel. 9 54 44 91 28 und 9 54 44 91 29, Fax 9 54 44 91 29
- Bahnhof Santa Justa
→ Umschlagkarte hinten, östl. f 3
(Avenida Kansas City s/n)
Tel. und Fax 9 54 53 76 26
allgemeine touristische Infos unter www.turismo.sevilla.org

Flughafen → Umschlagkarte hinten, nordöstl. f 4
Sevillas Flughafen San Pablo liegt ca. 12 km außerhalb der Stadt. Nationale und internationale Verbindungen.
Tel. 9 54 44 90 00 und 9 54 67 29 81

Ziele in der Umgebung

Carmona

→ S. 109, F 4

28 000 Einwohner

Rund 40 km östlich von Sevilla liegt diese Stadt mit sehenswerter Altstadt. Zu den beeindruckendsten Monumentalgebäuden zählt der **Alcázar**, die **Puerta de Sevilla**, die **Puerta de Córdoba** sowie die Kirche **Santa María**. Etwas außerhalb der Stadt liegt ein römisches Gräberfeld (**Necrópolis Romana**) mit rund 1000 Gräbern aus dem 2. Jh. v. Chr. bis zum 4. Jh. n. Chr. Angeschlossen ist ein Museum (Avenida Jorge Bonso; Di–Fr 10–14 und 16–18, Sa, So/Feiertag 10–14 Uhr).
40 km von Sevilla

Hotels/andere Unterkünfte

Casa de Carmona
Berühmtes Luxushotel in einem prächtigen Palastgebäude aus dem 16. Jh.
Plaza de Lasso 1; Tel. 9 54 14 33 00, Fax 9 54 14 37 52; 30 Zimmer ●●●● CREDIT

Parador Nacional Alcázar del Rey Don Pedro
Renommiertes Parador-Hotel, das nach umfangreichem Umbau 1998 wieder eröffnete.
Alcázar del Rey Don Pedro s/n; Tel. 9 54 14 10 10, Fax 9 54 14 17 12; 63 Zimmer ●● CREDIT

Coto de Doñana

→ S. 115, D 13

Der Nationalpark Coto de Doñana, zusammen mit dem Naturpark **Entorno de Doñana,** zählt zu den bedeutendsten Naturschutzgebieten auf der Iberischen Halbinsel. Tausende Zugvögel pausieren hier auf ihren Flügen in die Winterquartiere Afrikas. Ein kleinerer Teil des Nationalparks steht Gruppen zur Besichtigung frei. Eingang beim **Centro de Recepción El Acebuche** nahe Matalascañas (→ S. 34). Naturbeobachtungen organisiert auch die Firma **Natura Doñana,** Tel. 9 02 49 94 99.
90 km von Sevilla

Itálica

→ S. 109, E 4

Die Ruinen dieser einstigen römischen Siedlung liegen an der Straße in Richtung Las Nieves. Itálica war die erste römische Stadt auf iberischem Boden. Ihre Blütezeit begann im 1. Jh. n. Chr., als hier mit Trajan und Hadrian zwei römische Kaiser geboren wurden. Zu sehen sind wunderschöne Mosaikfußböden, Reste von Straßen, Wohnhäusern, Thermen und eines Amphitheaters, in dem rund 25 000 Zuschauer Platz fanden. 4
10 km von Sevilla; Avenida de Extremadura 2, Carretera de Mérida (nahe Santiponce); Di–Sa 9–21, So und an Feiertagen 9–15 Uhr; Eintritt für EU-Bürger frei, für Nicht-EU-Bürger 1,50 €

Málaga und die Costa del Sol

Dank des modernen Flughafens ist Málaga Drehscheibe für Tourismus und Wirtschaft in der Region.

Die an der Plaza de Toros gelegene Stierkampfarena hat eine lange Tradition und stört sich nicht an den umliegenden Hochhäusern.

Neben der längst für den Tourismus erschlossenen Costa del Sol macht inzwischen auch das Hinterland mehr und mehr mit reizvollen Sehenswürdigkeiten auf sich aufmerksam. Oft sind es nur wenige Kilometer von der stark touristisch bevölkerten Küste bis hinauf zu Bergdörfern, wo es noch gemächlicher zugeht.

Málaga

→ S. 116, C 18

570 000 Einwohner
Stadtplan → S. 52/53

Malaka nannten die Phönizier die Siedlung, von der aus sie entlang der Küste mit gesalzenem Fisch handelten. Angeblich geht der Name Malaka auf das Verb »malac«, das salzen bedeutet, zurück. Später bauten die Karthager die Stadt zur Festung aus. Die Römer eroberten die Stadt und gaben ihr den Namen Malacitanum. Vom 8. bis zum 15. Jh. erlebte die günstig gelegene Hafenstadt eine wirtschaftliche Blüte. 1487 eroberten die Militärverbände der Katholischen Könige die Stadt zurück. Heute ist Málaga Drehscheibe für den Tourismus im Bereich der Costa del Sol. Im Bereich der vom Bürgerkrieg stark zerstörten Altstadt finden Touristen einige interessante Museen, ein quirliges Treiben in der Markthalle und viele verstaubte, mehr der Vergangenheit als der Moderne verpflichtete Läden. Die Geburtsstadt des Künstlers Pablo Picasso bemüht sich, einen Ruf als Kulturmetropole zu erwerben.

Hotels/andere Unterkünfte

Málaga Palacio → S. 53, d 3

Großes, traditionsreiches Vier-Sterne-Hotel im Zentrum gelegen. Von den Zimmern an der Frontseite blickt man auf den Hafen und das Meer. Schwimmbad, Restaurant, Konferenzsaal.

Cortina del Muelle 1; Tel./Fax 9 52 21 51 85; www.ac-hotels.com; 240 Zimmer ●●● CREDIT ♿

Parador de Málaga Gibralfaro → S. 53, f 3

Erlesene Lage auf dem Monte de Gibralfaro. Herrliche Blicke über Hafen und Meer. Nach der aufwendigen Renovierung ist das Vier-Sterne-Hotel aus der beliebten staatlichen Parador-Kette noch komfortabler geworden. Stilvoll eingerichtete Zimmer. Schwimmbad, Restaurant, Panoramaterrasse.

Monte de Gibralfaro s/n; Tel. 9 52 22 19 02, Fax 9 52 22 19 04; www.paradores.de; 38 Zimmer ●●● CREDIT ♿

Don Curro → S. 53, d 3

Zentral nahe der Kathedrale gelegenes Drei-Sterne-Hotel. Freundlicher Service, mittelmäßig eingerichtete Zimmer, eigene Parkmöglichkeit.

Calle Sancha de Lara 7; Tel. 9 52 22 72 00, Fax 9 52 21 59 46; www.hoteldoncurro.com; 105 Zimmer ●● CREDIT

Victoria → S. 53, d 3

Zwei-Sterne-Hostal in zentraler Lage. Keine Extras, aber günstige Preise.

Calle Sancha de Lara 3; Tel. und Fax 9 52 22 42 23; 17 Zimmer ● CREDIT

Spaziergang

Er beginnt an der **Puente Tetuán,** führt weiter über die breite Flanierstraße **Alameda Principal** bis zur **Estatua Marqués de Larios.** Hier biegen wir links in die belebte Einkaufsstraße **Marqués de Larios** ein, folgen ihr bis fast zur **Plaza de la Constitución,** wo wir rechts der **Calle M. Monroy** folgen und schließlich über die **Calle Salinas** die Kathedrale erreichen. Nach der Besichtigung folgen wir der **Calle Cister** bis zur **Calle Alcazabilla,** hier biegen wir nach links ab und erreichen schließlich den Weg, der durch Gartenanlagen hinauf zur berühmten Alcazaba führt. Von hier bietet sich ein herrlicher Blick über die Stadt und die weitläufig angelegten Hafenanlagen.

Málaga
0
300 m
N
a
b
c
1
2
3
4
5
6
Calle Bailén
Calzada de la Trinidad
Av. Barcelona
Ventura
San
Calle Sevilla
Juan de Austria
Juan de Herrera
Rodríguez
Malasaña
Quintín
Calle
Puente de Armiñán
Avenida de Fátima
Avenida de la Rosaleda
Rafaela
Andalucía
Churruca
Calle de la Trinidad
La Trinidad
Gonzalez Anaya
Calle Lanuza
Calle Pelayo
Yedra
Empedrada
Jara
San Pablo
Zamorano
Martínez Maldonado
Callejón d. l. Pelejara
Santa Elena
Honduras Arango
Av. de Palencia
Calle Mármoles
Peso de la Harina
Estébanez
Montes de Oca
Armengual de la Mota
A. de Bazán
Cañaveral
Puente Aurora
Santo Cristo
Puerta Nueva
Museo de Arte y Tradiciones Populares
Cisneros
San Juan
Hilera
Aeropuerto
Prolongación Alameda
Don Cristián
H. del Obispo
Puente S. Domingo
Camas
Compositor Lehmberg Ruiz
Cerezuela
Jardines de Picasso
Avenida de Andalucía
Hilera
S. Domingo
Centro
Calle Nueva
Mercado Central
Atarazanas
Martínez
Avenida de la Aurora
Av. de las Américas
Pantoja
San Pedro, Museo de Semana Santa
Puente de Tetuán
Panaderos
Tomás
Alameda Principal
Calle Trinidad Grund
Heredia
Pl. de la Solidaridad
Callejones
Angosta del Carmen
Ancha del Carmen
Alameda de Colón
C. de S. Lorenzo
Casas de Campos
Schweiz
Paseo de los Tilos
Roger de Flor
El Perchel
Mendivil
N.S. del Carmen
Calle de Cuarteles
Río Guadalmedina
Comandante Benítez
C. Alemania
Duquesa de Parcent
Av. M. A. Heredia
Museo Acuario
Muelle de Heredia
RENFE
Explanada de la Estación
Estación
Calle Salitre
San Andrés
Constancia
Almona
Mercado
Centro de Arte Contemporáneo
Puente del Carmen
Heroes de Sostoa
Arroyo del Cuarto
C. Canales
Calle Ayala
Fernán Núñez
Calle Pinto
Aeropuerto
Muelle de Romero Ro
Puerto Pesquero
Playa de San Andrés
7

d
e
f
Antequera
N. S. de la Victoria
Puerto Parejo
C. Cristo de la Epidemia
Carrera de Capuchinos
San Millán
Plaza de Egido
Los Postigos
Alta
el Molinillo
Lagunillas
Refino
Calle Amargura
Hurtado Mendoza
Pl. de la Victoria
Cruz
Verde
Gómez Salazar
Ferrándiz Camino Nuevo
Calle Ollerías
Dos Aceras
Mariblanca
Madre de Dios
Calle Álamos
Geburtshaus von Picasso
Calle de la Victoria
C. del Agua
Méndez Núñez
Calle Beatas
Pl. de la Merced
Plaza Santa María
Monte de Gibralfaro
ía de Mártires
Santiago el Mayor
Granada
Castillo de Gibralfaro
Museo Picasso
Teatro Romano
Lario
Mus. de Arte Sacro
Alcazabilla
Alcazaba (Museo Arqueológico)
Catedral
Mus. Catedralicio
Pl. de la Aduana
G. Sotelo
Ayuntamiento
Molina
Cort. d. Muelle
Av. de Cervantes
Paseo de Reding
Almería
Paseo del Parque
El Parque
Plaza de Toros
Paseo de España
Muelle de Guadiaro
Av. Cánovas del Castillo
Calle Cervantes
Maestranza
C. del Arenal
Paseo Marítimo
Pl. de la Malagueta
Puerto
Malagueta
Estación Marítima
Muelle Ricardo G. Orueta
Paseo de la Farola
San Nicolás
Paseo Ciudad de Melilla
La Malagueta
La Farola
Club Náutico
Mittelmeer
ntepuerto
1
2
3
4
5
6
©MERIAN-Kartographie

SEHENSWERTES

Alcazaba → S. 53, d 3/e 3
Burganlage, deren Anfänge bis auf die Römerzeit zurückgehen. Ab dem 14. Jh. wurde die Anlage erweitert. Heute zählen zur Burganlage auch das **Archäologische Museum** und die Reste eines **römischen Theaters.** Nahebei befindet sich der 130 m hohe **Gibralfaro.** Berg des Leuchtturms lautete der arabische Name für diesen Berg, wo wohl schon zu phönizischer Zeit ein Leuchtturm stand.
Di–Fr 9.30–13.30 und 17–20 (Winter 16–19), Sa 10–13, So und an Feiertagen 10–14 Uhr; Eintritt Castillo 1,90 €

Catedral → S. 53, d 3
Der wuchtige Kirchenbau steht an der Stelle einer maurischen Moschee. 1528 begann man mit der Errichtung der Kirche, 1588 wurde sie geweiht. Der dreischiffige Kirchenbau ist 115 m lang und 52 m hoch. Mehrere Passionsbilder, Statuen, historische Gemälde. Sehenswert ist das hölzerne Chorgestühl aus dem 17. Jh. sowie das **Museo Catedralicio.**
Molina Lario s/n; Mo–Sa 10–13 und 16–19 Uhr; Eintritt 3 €

MUSEEN

Casa Natal de Picasso → S. 53, d 2
Dies ist das Geburtshaus des weltberühmten Malers, der hier am 25. Oktober 1881 zur Welt kam. Das Museum wurde im Juni 1998 eingeweiht. Zu sehen sind Skizzen, Keramiken und andere Werke Picassos.
Plaza de la Merced 15; Mo–Sa 11–14 und 17–20 Uhr, So 11–14 Uhr; Eintritt frei

Centro de Arte Contemporáneo de Málaga → S. 52, b 5
2003 eröffnetes Museum für zeitgenössische Kunst. Rund 2400 qm Ausstellungsfläche, untergebracht im ehemaligen Gebäude des Großmarktes. Rund 400 Arbeiten von spanischen sowie internationalen Künstlern aus den letzten 50 Jahren einschließlich Werke aktueller Gegenwartskunst.
Calle Alemania s/n; www.cacmalaga.org; Di–So 10–20 Uhr, im Sommer Di–So 10–14 und 17–20 Uhr, am 25. Dez. und 1. Jan. geschl.; Eintritt frei

Museo de Arte y Tradiciones Populares → S. 52, c 3
Sehenswerte volkskundliche Sammlung von Arbeits- und Haushaltsinstrumenten. Antike Möbel, Kacheln, Backöfen und vieles mehr.
Pasillo de Santa Isabel 10; Di–Fr 10–13.30 und 16–19, Sa, So 10–13.30 Uhr; Eintritt 2 €

Museo de Arte Sacro → S. 53, d 3
Historische Sakralkunst.
Calle Cister (Abadía de Santa Ana); Mo–Fr 10.30–14.30, Sa 11.30–14.30 Uhr; Eintritt 1,20 €

ESSEN UND TRINKEN

Antonio Martín → S. 53, f 4
Traditionslokal aus dem Gründerjahr 1886. Nach der Neueröffnung hat sich das ehemals bürgerlich-gemüt-

MERIAN-Tipp

6 Museo Picasso

Seit 2003 sind im Palacio de Buenavista, einem andalusischen Palast aus dem 16. Jh., mehr als 200 Ölgemälde, Skulpturen, Zeichnungen, Stiche und Keramiken Picassos zu sehen. Die Werke wurden von den Erben Christine und Bernard Ruiz-Picasso zur Verfügung gestellt. Gelegentlich Wechselausstellungen. Vorbestellung der Eintrittskarten ratsam.

Calle San Agustín 8 (Palacio de Buenavista); Di–Do 10–20, Fr und Sa 10–21, So und an Feiertagen 10–20 Uhr, 25. Dez. und 1. Jan. geschl.; Eintritt 6 €, ermäßigt 3 €. Information: www.museopicassomalaga.org oder www.unicaja.es. Eintrittskarten unter Tel. 9 01 24 62 46 oder 9 02 44 33 77, E-Mail: reservas@mpicassom.org
→ S. 53, d 3

lich geprägte Restaurant einen luxuriösen Anstrich gegeben. Mit Málaga-Motiven dekorierte Speisesäle. Traditionelle andalusische Gerichte, da und dort modern verfeinert.
Plaza de la Malagueta; Tel. 9 52 22 73 98 und 9 52 22 73 82 (Reservierung empfohlen) ●● CREDIT

El Chinitas ⟶ S. 53, d 3
Stadtbekannt und traditionsreich, urige andalusische Innendekoration. Zentrale Lage nahe der Calle de Larios, angenehme Atmosphäre. Mittelmäßige kulinarische Leistungen.
Calle Moreno Monroy 4–6; Tel. 9 52 22 64 40 ●● CREDIT

El Refectorium ⟶ S. 53, f 4
Kleines, nahe der Stierkampfarena gelegenes Lokal mit gehobenem kulinarischen Anspruch. Erstklassige Zutaten, vor allem Fische und Meeresfrüchte. Deftige Fleischgerichte. Kompetent zubereitete andalusische Traditionsgerichte.
Calle Cervantes 8; Tel. 9 52 21 89 90; So und in der 2. Junihälfte geschl. ●● CREDIT

Einkaufen

Cosmópolis ⟶ S. 53, d 3
Erlesene Delikatessen für eine kulinarisch anspruchsvolle Klientel.
Calle Marqués de Larios 2

La Casa de las Especias ⟶ S. 52, c 3
Gegenüber der Markthalle gelegen. Interessantes Angebot an exotischen Gewürzen, außerdem Eukalyptus- und Zuckerrohrhonig, Kichererbsen- und Saubohnenmehl, viele Pfeffer- und Paprikasorten, edle Fischkonserven. Kompetente Beratung durch den Besitzer Juan Anaya Martín.
Plaza de Arriola 10

Librería Austral ⟶ S. 53, d 3
Buchhandlung mit einem Spezialsortiment an alten Stichen, Illustrationen, historischen Stadtansichten. Der Clou: schöne Zierbilder von Rosinenkisten aus den ersten beiden Jahrzehnten des 20. Jh.
Calle Granada 49

MERIAN-Tipp

7 Antigua Casa de Guardia

Diese älteste Bodega der Stadt besteht seit 1840. Noch heute werden hier direkt an der Alameda Principal in einem sehr urigen Ambiente vor allem Málaga-Weine direkt aus dem Fass ausgeschenkt. Rund 20 mehr oder weniger gereifte Weine können an der Theke verkostet werden. Keine Sitzgelegenheiten.
Alameda Principal 18; Tel. 9 52 21 46 80 ● ⟶ S. 52, c 4

Mercado Central ⟶ S. 52, c 3
Sehenswerte alte Markthalle. Üppiges Angebot an Obst, Gemüse, Fleisch, Fisch, Gewürzen, Axarquía-Rosinen und anderen Leckereien.
Calle Atarazanas

Ultramarinos Zoilo ⟶ S. 53, d 3
Kleiner Delikatessenladen im traditionellen Stil. Hier sind Käse, Schinken, Málaga-Weine, Süßwaren und andere Erzeugnisse aus Málaga erhältlich.
Calle Granada 65

Service

Auskunft
Fremdenverkehrsbüro ⟶ S. 53, d 3
Pasaje de Chinitas 4; Tel. 9 52 213445, Fax 9 52 22 94 21; www.malagaturismo.com
Flughafen ⟶ S. 52, südwestl. a 5
Tel. 9 52 04 84 84
Busbahnhof ⟶ S. 52, a 5
Tel. 9 52 35 00 61

Bahnhof ⟶ S. 52, a 4/a 5
Explanada de la Estación, Verbindungen nach Torremolinos, Fuengirola sowie in Richtung Madrid.
Tel. 9 52 36 02 02

Im Naturschutzgebiet El Torcal de Antequera haben Wind und Wasser den porösen Kalkstein zu bizarren Formen ausgewaschen.

Flughafen ⋯› S. 52, südwestlich, a 5
Der Aeropuerto Internacional Pablo Ruiz Picasso liegt ca. 10 km außerhalb der Stadt. Zahlreiche nationale und internationale Verbindungen.
Tel. 9 52 04 88 04 oder 9 52 13 61 66 (IBERIA)

Málaga Tour
Sightseeing-Tour per Doppeldeckerbus zu den wichtigsten Sehenswürdigkeiten per Stadt.
12 Stationen, auch auf Deutsch; Preis: 11,50 €; Tel. 95 23 63 13 3 oder www.citysightseeing-spain.com

Ziele in der Umgebung

Antequera ⋯› S. 116, C 17

41 000 Einwohner

Der im Hinterland der Provinz Málaga auf einer Hochebene gelegene Ort verfügt über eine urige Altstadt mit typisch andalusischen Häusern sowie Barock- und Renaissancekirchen. Sehenswert sind zudem prähistorische Grabanlagen (**Dolmen de Antequera**) sowie die Ganggräber **Cueva de Menga** und **Cueva de Viera**.

Eine einzigartige, bizarr zerklüftete Karstlandschaft befindet sich rund 10 km südlich von Antequera. **El Torcal de Antequera** heißt dieses inzwischen als Naturschutzgebiet ausgewiesene Gebirge, wo Wind, Hitze, Wasser und Kälte im Laufe der Jahrtausende ein beeindruckendes Ensemble von Felsenskulpturen geschaffen haben. Vielerlei Orchideen und Greifvögel sind hier heimisch. Kühne Felsennasen und scharf abgeschliffene Kalksteinsockel ragen hervor. Im Herbst und Winter ziehen hier Nebel durch und verhüllen auf gespenstische Weise diese wilde, urwüchsige Felsenlandschaft. Für den Schutz von Fauna und Flora sorgen in diesem während des Sommers von vielen Wanderern besuchten Gebietes die Beamten des Umweltamtes (Agencia de Medio Ambiente).
40 km von Málaga

Hotels/andere Unterkünfte

Parador de Antequera
Bewährtes Parador-Hotel in ruhiger Lage mit gemütlicher Einrichtung und Schwimmbad. Golfplatz in der Nähe, Gute Wandermöglichkeiten in der Umgebung.

Paseo del Olmo s/n; Tel. 9 52 84 02 61, Fax 9 52 84 13 12; www.paradores.de; 55 Zimmer ●●● DINERS MASTER VISA ♿

Estepona

→ S. 116, A 18

30 000 Einwohner

Aus dem einstigen Fischerort ist heute ein Touristenzentrum geworden. Ein Yachthafen, Hotelhochhäuser, Restaurants und Bars dominieren das Erscheinungsbild. Einzig in der Altstadt ist noch traditionelles andalusisches Flair zu spüren. Weiter im Inland liegen die Ortschaft Casares, eines der Weißen Dörfer (»pueblos blancos«), mit gut erhaltenem Ortskern sowie das Wandergebiet Peñas Blancas-Arroyo de la Cueva.

80 km von Málaga

Hotels/andere Unterkünfte

Las Dunas Beach Hotel

Fünf-Sterne-Luxus-Anlage unter deutscher Leitung. Gesundheitszentrum und komfortable Kurbäder. Alles sehr geschmackvoll, direkt am Sandstrand gelegen. Über die kulinarischen Leistungen des Restaurants wacht der deutsche Starkoch Heinz Winkler.

Carretera de Cádiz km 163,5 (La Boladilla Baja); Tel. 9 52 79 43 45, Fax 9 52 79 48 25; www.las-dunas.com; 75 Zimmer ●●●● CREDIT

Fuengirola

→ S. 116, B 18

43 000 Einwohner

Badeort und viel besuchtes touristisches Zentrum etwa auf halber Strecke zwischen Marbella und Málaga. Strände, Hotelhochhäuser, Bars, Yachthafen und Golfplätze. Nördlich von Fuengirola liegt das Bergdorf **Mijas**, das trotz des regen Zustroms an Ausflugstouristen weitgehend seinen dörflichen Charme bewahrt hat. Offerten für Ausflüge per Pferd oder Esel kann man hier annehmen.

25 km von Málaga

Hotels/andere Unterkünfte

Byblos Andaluz

Sehr stilvolles, von maurischem Dekor geprägtes Vier-Sterne-Hotel. Der Clou hier: ein Meerwassersprudelbecken und ein angeschlossenes Zentrum für Thalasso-Therapie. Tennis, Golf, Sauna, Gourmet-Restaurant »Le Nailhac«, alles sehr komfortabel.

Anfahrt auf Gibraltar (→ S. 58), die britische Kronkolonie. Viele Tagesgäste besuchen den »Affenfelsen«, um hier zollfrei einzukaufen.

Urbanización Mijas Golf; Tel. 9 52 46 02 50, Fax 9 52 47 67 83; www.byblos-andaluz.com; 144 Zimmer ●●●● CREDIT

Gibraltar

→ S. 116, A 19

Die Enklave auf einem Felsen in der Bucht von Algeciras ist britische Kronkolonie. Bei der Einreise von Spanien aus sind Personalausweis oder Reisepass vorzuzeigen. Der Name Gibraltar geht zurück auf die arabische Bezeichnung Djebel al-Tarik (Felsen des Tarik) und erinnert daran, dass hier im Jahre 711 die Mauren, unter ihrem legendären Führer Tarik aus Nordafrika kommend, an Land gingen. Gibraltars Sehenswürdigkeiten können ohne Hast an einem Tag genossen werden. Lohnend ist beispielsweise der Besuch des Höhlensystems **St. Michael's Cave** (tgl. 10–19, Winter bis 17.30 Uhr; Eintritt 1 £) und die aus dem Jahre 1782 stammende Verteidigungsanlage **Upper Galleries** (tgl. 10–19, Winter bis 17.30 Uhr; Eintritt 1 £).

25 km von Málaga

Hotels/andere Unterkünfte

Rock

Traditionshotel aus dem Jahre 1932, dessen Installationen durch eine Modernisierung an die heutigen Bedürfnisse angepasst wurden. Erstes Haus am Platz. Ruhige Lage, gepflegte Gärten, Schwimmbad.

Europa Road 3; Tel. 7 30 00, Fax 7 35 13; 160 Zimmer ●●●● CREDIT

Museum

Gibraltar Museum

Ausstellung zur Geschichte von Gibraltar.

Bomb House Lane; Tel. 74289; Mo–Fr 10–18, Sa 10–13 Uhr

Service

Auskunft

Touristenbüro

Market Place; Tel. 7 49 82

Marbella

→ S. 116, B 18

99 000 Einwohner

Mondäner Urlaubsort, beliebter Treff des Jetset. Angeschoben wurde die touristische Karriere Marbellas bereits in den 1950er-Jahren maßgeblich durch den deutschen Prinzen Alfonso von Hohenlohe, der auch das heute noch existierende Luxushotel Marbella Club gründete. Seit den 1970er-Jahren ist Marbella zur Luxus-Metropole an der Costa del Sol avanciert: Noble Villen, ungezählte Nachtlokale, Restaurants, Hotels und Clubs sind hier ansässig. Etwas vom andalusischen Flair hat in der am Hang gelegenen Altstadt von Marbella überdauert. 10 km westlich liegt der noble Sporthafen **Puerto Banús** mit Edelboutiquen dicht an dicht.

55 km von Málaga

Hotels/andere Unterkünfte

El Fuerte

Direkt am Strand gelegenes, erst 1998 komplett renoviertes Vier-Sterne-Hotel mit gutem Service. Park, Tennis, Golf, Sauna.

Avenida El Fuerte s/n; Tel. 9 52 86 15 00, Fax 9 52 82 44 11; www.hotelfuerte.com und www.hotelfuerte.com; 263 Zimmer ●●● CREDIT ♿

Refugio de Juanar

Rund 16 km landeinwärts von Marbella liegt dieses originelle Hotel: ein ehemaliges Jagdhaus, wo – in der Suite Nr. 3 – 1970 General de Gaulle seine Memoiren beendet haben soll. Sehr aufmerksamer Service. Arrangement von Jagdausflügen. Restaurant mit Wildspezialitäten. Schwimmbad.

Sierra Blanca s/n; Tel. 9 52 88 10 00, Fax 9 52 88 10 01; www.hoteljuanar.de; 23 Zimmer ●● AmEx MASTER VISA

Essen und Trinken

Taberna del Alabardero

Die kulinarische Nr. 1 weit und breit. Exzellente baskisch inspirierte Mee-

Die bis zu 200 Meter tiefe Tajo-Schlucht trennt das malerisch auf einem Felsplateau gelegene Ronda. Drei Brücken verbinden die Altstadt mit der Neustadt.

resfrüchte- und Fischgerichte. Tadelloser Service für ein anspruchsvolles Publikum.
Urbanización Fuente del Espanto s/u, Carretera de Ronda, km 167, Benaharis; Tel. 9 52 81 27 94; zwei Wochen im Jan. geschl. ●●● CREDIT

AM ABEND

Casino Nuevo Andalucía
Glücksspiele bis zum Morgengrauen.
Hotel Andalucía Plaza, Carretera de Cádiz km 181; Tel. 9 52 81 40 00; tgl. 20–5 Uhr; Eintritt 3,60 €

Nerja

→ S. 117, E 18

15 000 Einwohner

An der östlichen Costa del Sol gelegener Badeort. Vom **Balcón de Europa**, einer Aussichtsterrasse über dem Meer, bietet sich ein beeindruckender Blick über die Küstenregion. Wenige Kilometer nördlich liegt das sehenswerte Weiße Dorf Frigiliana; nordöstlich liegt die viel besuchte Tropfsteinhöhle **Cueva de Nerja**. 1959 wurde diese aus vier Sälen bestehende, über 800 m lange Höhle entdeckt. Im Juli finden hier einzigartige Konzerte statt.
55 km von Málaga; Besichtigung: Carretera de Maro; Tel. 9 52 52 95 20, Fax 9 52 52 96 46; tgl. 10–14, 16–18.30 Uhr, Juli/Aug. bis 20 Uhr; Eintritt Erw. 5 €

HOTELS/ANDERE UNTERKÜNFTE

Parador de Nerja
Vier-Sterne-Parador-Hotel mit schönen Gärten und lohnender Aussicht auf das Meer. Ganz in der Nähe der Strand Playa de Burriana.
Almuñécar 8; Tel. 9 52 52 00 50, Fax 9 52 52 19 97; www.paradores.de; 96 Zimmer ●●● CREDIT

Ronda

→ S. 116, A 18

35 000 Einwohner

Rund 120 km von Málaga entfernt liegt diese Gebirgsortschaft, deren Besuch sich aus vielerlei Gründen lohnt. Ronda wird seit jeher gerade im Sommer täglich von ungezählten Ausflugstouristen, die von der Costa del Sol heraufkommen, besucht, hat sich aber trotz allen Andrangs seine Identität als andalusische Gebirgsstadt bewahrt. Größte Attraktion von Ronda ist die spekta-

kuläre Lage zu beiden Seiten der grandiosen, bis zu 200 m tiefen Tajo-Schlucht, durch die der Río Guadalevín fließt. 1911/1912 verbrachte der deutsche Dichter Rainer Maria Rilke hier einige Winterwochen und pries die »unvergleichliche Erscheinung der auf zwei steilen Felsmassen hingehäuften Stadt«. Sehenswerte Altstadt mit schmucken Gassen, Kirchen und Resten von Badeanlagen aus maurischer Zeit. Ronda gilt als Wiege des spanischen Stierkampfes. Umgeben ist die Stadt von der **Serranía de Ronda**, einem wilden, dünn besiedelten Bergland, mit reizvollen Dörfern, Wanderrouten, Wäldern und viel ländlicher Ursprünglichkeit.
100 km von Málaga

Hotels/andere Unterkünfte

Parador de Ronda
Grandiose Lage nahe der berühmten Brücke über die Tajo-Schlucht. Stilvoll restauriertes historisches Gebäude. Gemütliche Zimmer, ein vorzügliches Restaurant. Sehr empfehlenswert.
Plaza de España s/n; Tel. 9 52 87 75 00, Fax 9 52 87 81 88; www.paradores.de; 77 Zimmer ●●● CREDIT

Reina Victoria
Renommiertes Vier-Sterne-Hotel mit wundervollem Ausblick über die Serranía de Ronda. Solide und komfortable Ausstattung der Zimmer. Ein Denkmal und diverse Ausstellungsstücke erinnern an Rainer Maria Rilke, der hier 1911/1912 logierte.
Calle Jeren 25; Tel. 9 52 87 12 40, Fax 9 52 87 10 75; www.reinavictoriaronda.de; 89 Zimmer ●●● CREDIT

Museum

Stierkampfmuseum
Untergebracht in einem Gebäude der berühmten Stierkampfarena, in der schon der legendäre Torero Pedro Romero (1754–1839) agierte. Die beeindruckende Stierkampfarena stammt aus dem Jahre 1784.
Plaza de Toros de la Real Maestranza de España; tgl. außer an Tagen des Stierkampfs 10–19 Uhr; Eintritt 5 €

Essen und Trinken

Don Miguel
Ansässig in einem der »hängenden« Häuser oberhalb der Tajo-Schlucht. Herrlicher Blick. Lokale Spezialitäten wie etwa Spanferkel aus dem Backofen, kulinarisch verfeinert. Süßgebäck aus den Klöstern der Umgebung.
Villanueva 4; Tel. 9 52 87 10 90; tgl. geöffnet ●● CREDIT

Pedro Romero
Gegenüber der Stierkampfarena gelegen und innen ganz mit Motiven aus der Welt des Stierkampfs dekoriert. Deftige, zumeist fleischbetonte Delikatessen aus der Umgebung von Ronda. Migas, Kaninchen, Stierschwanz oder Lammbraten. Interessanter Rotwein: Cortijo de las Monjas (Principoe de Hohenlohe). Zünftige Atmosphäre, zügige Bedienung.
Virgen de la Paz 18; Tel. 5 92 87 11 10; Weihnachten und Neujahr geschl. ●● CREDIT

Service

Auskunft
Fremdenverkehrsamt
Plaza de España 1; Tel. 9 52 87 12 72

Torremolinos → S. 116, C 18

32 000 Einwohner

Rund 10 km von Málaga entfernt gelegener Badeort, seit den 1950er-Jahren ein Zentrum des Massentourismus mit zahlreichen Hotelhochhäusern, Bars, Restaurants, Diskotheken, Freizeitangeboten für Golf, Tennis, Wassersport, Tauchen etc. Eine Attraktion für Familien ist der **Atlantis Aquapark**, Carretera Circunvalación, Mai–Sept. tgl. 10–22 Uhr geöffnet, mit diversen Schwimmbecken, Wasserspielen und Rutschbahnen.
10 km von Málaga

MERIAN Quiz

Kleiner Mann, ganz groß

Nein, ein Riese war er gewiss nicht. Doch sein Werk ist gewaltig, es umfasst ca. 15 000 Arbeiten, genug, um mehrere Museen zu füllen. Nach Madrid gelangte sein größtes Bild, ein Kriegsmotiv, erst 44 Jahre nach Entstehung. Francos Tod machte er zur Bedingung, es in Spanien zu zeigen.

Er hatte etliche Vornamen. Die frühen Werke signierte er schlicht mit dem ersten davon. Geboren wurde er in Andalusiens größter Hafenstadt als Sohn eines Zeichenlehrers. Schon als Kind war seine Begabung offensichtlich. Mit 16 nahm ihn die Madrider Kunstakademie auf, bei seiner ersten Ausstellung in Paris war er zwanzig. Mehrere Stile prägte er maßgeblich. Manche sehen in ihm den größten Künstler des 20. Jahrhunderts.

Alle Kinder, sagte er mal, seien Künstler, sie verlernten nur, es zu bleiben. Je älter er wurde (und er wurde ziemlich alt), desto mehr suchte er das Kind in sich. Markant waren die Farbperioden seines Frühwerks, später das Aufbrechen der Form. Er brachte es fertig, dasselbe Gesicht (oft eines seiner vielen Musen) in einem Porträt von drei Seiten zu zeigen. Keine der Damen beschwerte sich.

Wenn er arbeitete, kapselte er sich vollkommen ab. Nur einmal erlaubte er einem französischen Regisseur und seinem Kameramann, ihn im Atelier zu filmen. Das Ergebnis ist noch heute eines der faszinierendsten Dokumente über die Entstehung von Kunst. Man sieht: ein Genie, einen ganz Großen bei der Arbeit.

Felix Woerther

Um wen, was oder welchen Ort geht es hier?

Wenn Sie die Lösung wissen, besuchen Sie uns doch im Internet unter **www.merian.de/quiz**. Unter den richtigen Einsendern verlosen wir Monat für Monat attraktive Preise. Viel Glück!

Córdoba, Granada, Jaén

Prächtige maurische Bauwerke und die weitläufigen Landschaften bezaubern.

»Wald der tausend Säulen« in der Mezquita (→ S. 64) von Córdoba: Keine Säule gleicht der anderen – es entsteht ein überwältigender Eindruck von Endlosigkeit.

Neben den berühmten Kulturstätten aus maurischer Zeit finden sich in der Region zahlreiche typisch andalusische Dörfer, wilde Gebirgszüge und weite Ebenen mit kilometerweiten Olivenhainen. In diesen ländlichen Breiten ist man vom hektischen Trubel der touristischen Zentren weit entfernt.

Córdoba

→ S. 110, C 7

340 000 Einwohner
Stadtplan → S. 67

Mit der Stadt Córdoba verbindet sich die Blütezeit maurischer Kultur auf der Iberischen Halbinsel. Der Aufstieg zur herausragenden Kulturmetropole begann mit dem Omaijadenprinzen Abd ar-Rahman I., der sich im Jahre 756 zum ersten Emir von Córdoba erklären ließ. Den geistigen und wirtschaftlichen Höhepunkt erlebte Córdoba unter Abd ar-Rahman III., der ab 929 den Titel eines Kalifen trug. In dieser Periode gab es in Córdoba fast 500 Moscheen, rund 600 öffentliche Bäder, überdies Universitäten, Schulen und Paläste. Es kam zu einem regen Austausch zwischen den muslimischen, jüdischen und christlichen Kulturen. Kunsthandwerk und Landwirtschaft standen auf hohem Niveau, sogar Straßenbeleuchtung und gepflasterte Fahrwege gab es in dieser Blütezeit. Aber schon ehe die Stadt 1236 von den christlichen Militärverbänden erobert wurde, zerbrach das Kalifat von Córdoba an internen Streitigkeiten zwischen verfeindeten maurischen Stämmen.

Das heutige Córdoba, das von Sevilla und Madrid aus schnell zu erreichen ist, hat sich rings um die Mezquita bzw. Kathedrale einen gepflegten Altstadtkern bewahrt. Vor allem das ehemalige Judenviertel mit seinen verwinkelten Gassen, prächtigen Bürgerhäusern und Palästen wird gerne besichtigt. Zudem gibt es in Córdoba viele urgemütliche Tavernen, in denen der typische schwere Weißwein aus Montilla-Moriles ausgeschenkt wird.

Wenige Kilometer westlich der Provinzhauptstadt liegt Medina Azahara, eine in der maurischen Periode angelegte großartige Palaststadt. Einen Ausflug lohnt auch der Südosten der Provinz, wo rings um die Ortschaften Baena, Cabra, Lucena und Priego Olivenbäume kultiviert werden.

Hotels/andere Unterkünfte

Amistad Córdoba → S. 67, a 3
Günstige Lage im ehemaligen Judenviertel. Stattliche renovierte Gebäude aus dem 18. Jh. Schöner Innenhof, modern und komfortabel ausgestattete Zimmer. Professioneller Service.
Plaza de Maimónides 3; Tel. 9 57 42 03 35, Fax 9 57 42 03 65; www.nh-hotel.com; 69 Zimmer ●● CREDIT

Conquistador → S. 67, b 3
Unmittelbar gegenüber der Mezquita gelegenes Familienhotel. Schöne Dekorationen mit maurisch inspirierten Ornamenten. Tiefgarage, Sauna. Relativ kleine Zimmer, aber gediegene Ausstattung. Viele Gruppen. Im Sommer oft ausgebucht. Vier Sterne.
Magistral González Francés 15–17; Tel. 9 57 48 11 02, Fax 9 57 47 46 77; www.eurostarconquistador.com; 129 Zimmer ●● CREDIT

Maimónides → S. 67, b 3
Direkt an der Mezquita gelegen. Guter Einrichtungsstandard. Häufig Reisegruppen. Zentrale Lage.
Calle Torrijos 4; Tel. 9 57 47 15 00, Fax 9 57 48 38 03; www.eurostarsmaimonides.com; 82 Zimmer ●● CREDIT

Selu → S. 67, a 2
Solides Mittelklassehotel (drei Sterne), zentral in der Altstadt gelegen. Komfortable Einrichtung, Tiefgarage.
Eduardo Dato 5; Tel. 9 57 47 65 00, Fax 9 57 47 83 76; www.hotelselu.com; 99 Zimmer ●● CREDIT

Spaziergang

In unmittelbarer Nähe der viel besuchten Mezquita beginnt das ehemalige **Judenviertel Córdobas**, wo im Mittelalter die jüdische Gemeinde der Stadt lebte, bevor sie von den katholischen Mächten vertrieben wurde. Unser Spaziergang führt durch dieses von der UNESCO zum Weltkulturerbe erklärte Judenviertel. Wir beginnen an der nordwestlichen Ecke der **Mezquita**, biegen dort in die **Calle de Judería** ein und gehen dann auf der nordwestlich abzweigenden **Calle Almanzor** weiter bis zur Kapelle **San Bartolomé**. Hier erreichen wir die **Plaza Bulas**, wo sich auch das Museum für Stierkampf und Cordobeser Kunst befindet. Von hier aus schlendern wir auf der **Calle Maimónides** weiter in Richtung **Puerta de Almodóvar**, wo unser Spaziergang endet.

Noch ein Hinweis: Das gesamte ehemalige Judenviertel eignet sich gut für Spaziergänge. Historische Hausfassaden begleiten uns links und rechts der Straße. Man kann hier auch nach Lust und Laune schlendern, ohne einem bestimmten Weg zu folgen.

Sehenswertes

Alcázar de los Reyes Cristianos

⇢ S. 67, a 4/b 4

Das mächtige Festungsgebäude wurde um das Jahr 1328 im Auftrag des Königs Alfonso XI. errichtet und diente später den Katholischen Königen als Residenz. Zu Beginn des 19. Jh. war der Alcázar Sitz der Inquisition. Von den Festungsanlagen sind heute noch drei Türme erhalten: **Torre de los Leones, Torre del Homenaje** und **Torre del Río.** Zum Gesamtkomplex zählen beeindruckende Parkanlagen.

Caballerizas Reales bzw. Calle Armador de los Ríos; Winter Di–So 10–14 und 16.30– 18.30, So und an Feiertagen 9.30–15 Uhr, Sommer Di–So 10–14 und 18–20, So und an Feiertagen 9.30–15 Uhr; Eintritt 2,55 €

Mezquita ⇢ S. 67, b 3/b 4

Dies ist das bedeutendste Bauwerk Córdobas und zugleich die prachtvollste Moschee maurisch-islamischer Herkunft auf der Iberischen Halbinsel. Mit dem Bau der ehemaligen Hauptmoschee und heutigen Kathedrale wurde im Jahre 785 unter Abd ar-Rahman I. begonnen. In ihrer

6

In Reih und Glied: Zypressenallee in der weitläufigen, von Mauern umschlossenen Parkanlage des Alcázar de los Reyes Cristianos.

MERIAN-Tipp

8 Medina Azahara

Die viel besuchten und sehr sehenswerten Ruinen der einstigen maurischen Palaststadt Madinat al-Zahrá liegen rund 10 km westlich von Córdoba. Reliefverzierungen, Bögen, Säulen und Mosaiken. Abd ar-Rahman III. ließ hier an einer wasserreichen Stelle einen Prachtpalast erbauen. Im Jahre 936 begannen die Bauarbeiten, über 25 Jahre zogen sie sich hin.

Carretera de Palma del Río km 5,5; Di–Sa 10–18.30 Uhr, So und Feiertage 10–14 Uhr; für EU-Bürger Eintritt frei

⇢ S. 110, C 7

ursprünglichen Form bestand die Moschee aus elf zum heutigen Orangenhof hin offenen Schiffen. Es folgten Erweiterungsbauten im 9. und 10. Jh. Die weiteren Vergrößerungen der Moschee ab dem Jahre 990 erreichten nicht mehr das künstlerische Niveau wie in den beiden Jahrhunderten zuvor. Nach der Vertreibung der Mauren und der Eroberung Córdobas durch die Christen (1236) blieben weite Teile der Moschee erhalten.

Zu den grandiosesten Kostbarkeiten der Mezquita zählen heute der so genannte **Wald der tausend Säulen** (es sind angeblich 856) sowie die diversen Gebetsräume, wie etwa der **Mihrâb Nuevo**. Hier erkennt man am eindrucksvollsten die originellen, feinsinnigen und fantasievollen Ausschmückungen der Räumlichkeiten mit Mosaiken, Ornamenten, Bögen, Muschelmotiven und Zierschriften aus dem Koran. Alle Bauelemente, die zwischen 785 und 990 geschaffen wurden, zeigen höchste Kunstfertigkeit. Zu den größten Kostbarkeiten in der christlichen Kathedrale zählt das holzgeschnitzte barocke **Chorgestühl** (109 Sitze). Rund zehn Jahre dauerte die Anfertigung dieses Meisterwerks aus Mahagoni. Der Innenhof des Gebäudekomplexes, der **Patio de los Naranjos** (Orangenhof), diente in maurischer Zeit als Stätte der rituellen Waschungen, ehe die Gebetsräume der Moschee betreten wurden. Hier ist auch ein mehrere 100 Jahre alter Olivenbaum zu bewundern. Seit 1984 besitzt die Mezquita die UNESCO-Anerkennung als Weltkulturerbe.

Calle Torrijos 10; Dez. und Jan. tgl. 10–17.30, Feb. und Nov. 10–18, März und Juli–Okt. 10–19, April–Juni 10–19.30 Uhr; Eintritt 8 €

Palacio de Viana ⇢ S. 67, c 1/c 2

Prunkvolles Cordobeser Herrenhaus aus dem 14. Jh. mit historischen Originalmöbeln, einer grandiosen Bibliothek, Wandteppichen, kostbarem Porzellan und bemerkenswerten Gemälden, darunter Werke von Brueghel und Goya. Zum Prachtgebäude zählen auch 17 Innenhöfe mit stattlicher Blumenpracht. Sehenswert.

Plaza de Don Gome 2; Mo–Sa 9–14 Uhr, So und an Feiertagen geschl.; Eintritt 6 €

Posada del Potro ⇢ S. 67, c 3

Typisches Cordobeser Haus aus dem 15. Jh. mit Innenhof und Wirtschaftsgebäuden. Das Gebäude wurde in dem berühmten Roman »Don Quijote« von Miguel Cervantes erwähnt.

Plaza del Potro; tgl. 10–14.30 und 17–20 Uhr; Eintritt frei

Sinagoga ⇢ S. 67, a 3

Synagoge aus dem Gründungsjahr 1315. An den Wänden Verzierungen im Mudéjar-Stil.

Calle Judíos; Di–Sa 10–14 und 15.30–17.30, So und an Feiertagen 10–13.30 Uhr

Torre de la Calahorra ⇢ S. 67, b 4

Direkt an der 16-bogigen Römerbrücke gelegener, markanter Wehrturm aus dem Jahre 1369. Im Innern befindet sich ein Museum zu den drei Kulturen Córdobas, der christlichen, muslimischen und jüdischen.

Puente Romano s/n; Winter 10–18 Uhr; Sommer 10–14 und 17.30–20.30 Uhr; Eintritt 4 €

Museen

Museo Arqueológico Provincial

⇢ S. 67, b 3

Stattliche Sammlung aus der prähistorischen, iberischen, römischen, westgotischen und maurischen Epoche.

Plaza de Jerónimo Páez 7; Di 14–20.30, Mi–Sa 9–20.30, So und Feiertage 9–14.30 Uhr; für EU-Bürger Eintritt frei

Museo de Bellas Artes

⇢ S. 67, c 3

Das sehenswerte Kunstmuseum besteht seit 1862. Werke von cordobesischen und anderen spanischen Künstlern, darunter von Ribera, Sorolla, Zuloaga und Goya.

Plaza del Potro 1; Di 14–20.30, Mi–Sa 9–20.30, So und Feiertage 9–14.30 Uhr; für EU-Bürger Eintritt frei

Museo de Joyería Regina

⇢ S. 67, c 2

Neueres Museum, das sich der historischen Schmuckherstellung in Córdoba widmet. Sehenswerte Goldschmiedewerkzeuge und Informationen zu den Arbeitsprozessen.

Plaza Luis Venegas 1; im Winter 10–15 und 17–20, im Sommer 9.30–14 und 17.30–21 Uhr; Eintritt 3 €

Museo de Julio Romero de Torres

⇢ S. 67, c 3

Bedeutendste Sammlung der Werke des berühmten Cordobeser Künstlers Julio Romero de Torres (1874–1930). Originelle Akt- und Porträtgemälde.

Plaza del Potro 1; Di–Sa 10–14 und 17–19 (im Sommer 18–20), So und an Feiertagen 9.30–14.30 Uhr; Eintritt 3 €, an Feiertagen Eintritt frei

Essen und Trinken

Almudaina

⇢ S. 67, a 4

Untergebracht in einem prächtigen andalusischen Herrschaftsgebäude aus dem 16. Jh. Schöner Innenhof. Anspruchsvoll zubereitete andalusische Spezialitäten. In der Saison häufig sehr voll. Sehenswerte historische Räumlichkeiten.

Campo Santo de los Mártires 1; Tel. 9 57 47 43 42 (Reservierung ratsam); So abends sowie Juni–Sept. So geschl.

●●● CREDIT

> **MERIAN-Tipp**
>
> **9 Urige Tavernen in Córdoba**
>
> In der Stadt trinkt man vornehmlich die dem Sherry ähnlichen Weißweine aus dem Cordobeser Anbaugebiet Montilla-Moriles. Ausgeschenkt werden sie auch in einigen traditionellen Tavernen, die sich ein gemütliches und volkstümliches Ambiente bewahrt haben. Die originellsten Tavernen liegen alle in der Altstadt:
>
> Taberna Salinas, Calle Tundidores 3; Tel. 9 57 48 01 35. Taberna San Miguel, Plaza San Miguel 1; Tel. 9 57 47 83 28. Taberna Sociedad de Plateros, Calle San Francisco 6; Tel. 9 57 47 00 42
>
> ⇢ S. 67, b 2/b 3

El Caballo Rojo

⇢ S. 67, b 3

Unter Gourmets in ganz Andalusien berühmtes Restaurant, das sich unter der Leitung von José García Marín vor allem um die Wiederbelebung von maurischen und jüdischen Rezepturen bemüht hat. Gute Küchenleistungen, professioneller Service, umfangreiche Weinauswahl.

Cardenal Herrero 28; Tel. 9 57 47 53 75 (Reservierung ratsam) ●●● CREDIT

El Churrasco

⇢ S. 67, a 3

Untergebracht in einem historischen Gebäude mit Innenhof und stilvollem Seitengebäude, wo sich auch eine sehenswerte Sammlung von alten Weinen befindet. Deftige Gemüse- und Fleischspezialitäten.

Calle Romero 16; Tel. 9 57 29 08 19; Aug. geschl. ●●● CREDIT

Bodegas Campos ····> S. 67, c 3
Das stilvollste und urigste Restaurant der Stadt, das bereits seit dem Jahre 1918 existiert. Geschmackvoll andalusisch dekorierte Räumlichkeiten mit historischen Plakaten an den Wänden. Niveauvolle Traditionsgerichte, dazu Weine aus Montilla-Moriles und anderen Anbaugebieten. Sehr zu empfehlen.
Los Lineros 32; Tel. 9 57 49 75 00; www.bodegascampos.com ●● CREDIT

EINKAUFEN

Monasterio de Santa Isabel de los Ángeles ····> S. 67, c 1
In ganz Córdoba renommierte, selbst gemachte Süßwaren aus der hauseigenen Klosterbäckerei. Beliebt sind vor allem die »perrunas«, ein traditionelles Weihnachtsgebäck. Sehr empfehlenswert.
Santa Isabel de los Ángeles 13; Tel. 9 57 47 05 76; 9–12.45 und 17–19.30 Uhr

Plaza de la Corredera
→ S. 67, c 2/c 3
Flohmarkt an Samstagen (gelegentlich auch an anderen Tagen).

Am Abend

Diskotheken

Contactos → S. 67, a 2/a 3
Vornehmlich junge Leute, an Wochenenden sehr voll, gute Tanzmöglichkeiten.
Eduardo Dato 8; Tel. 9 57 29 24 66

Service

Auskunft

Fremdenverkehrsämter

- **Calle Torrijos 10 (gegenüber der Mezquita)** → S. 67, b 4
  Tel. 9 57 20 17 74, Fax 9 57 49 17 78
- **Campo Santos Mártires (gegenüber Alcazar)**
- **Estación AVE (Bahnhof)**
  Infomation für Touristen Tel. 9 02 20 17 74; www.turismodecordoba.org

Ziele in der Umgebung

Montilla-Moriles

→ S. 110, C 8

Das bedeutendste Weinanbaugebiet der Provinz liegt südlich der Hauptstadt rings um die Ortschaften Montilla, Puente Genil, Moriles, Lucena, Cabra und Baena. Angebaut wird hier vornehmlich die Rebsorte Pedro Ximénez. Gekeltert werden Weißweine, die durch ihr Reifeverfahren (Soleras und Criaderas) dem Sherry ähneln und doch ihre eigene Persönlichkeit aufweisen. Auch hier werden die Weine in Finos, Amontillados, Olorosos oder Palos Cortados klassifiziert.
45 km von Córdoba

Sierra Subbética

→ S. 110, C 8

Landschaftsschutzgebiet (**Parque Natural**) im Südosten der Provinz. Das Schutzgebiet mit großem Bestand an Greifvögeln wird flankiert von den Ortschaften Zuheros, Cabra, Rute, Carcabuey und Luque. Vorzügliche Wandermöglichkeiten in faszinierend karger Berglandschaft.
60 km von Córdoba

Granada

→ S. 117, E 17

270 000 Einwohner
Stadtplan → S. 69

Einst war Granada maurische Residenzstadt. Die Nasriden, ein maurischer Stamm, gründeten hier 1238 das Königreich von Granada und verteidigten es durch geschickte diplomatische Vereinbarungen mit der kastilischen Krone über 250 Jahre lang. In dieser Blütezeit Granadas entwickelte sich die Stadt zu einem vitalen Handels- und Kulturzentrum. In den granadinischen Gärten wurden Obst, Gemüse und Weintrauben kultiviert. Im 14. Jh. entstand dann die heute weltberühmte Residenz Kala al-Hamra, die rote Burg, wie die Übersetzung aus dem Arabischen lautet. Bis 1492 konnte sich das Königreich der Nasriden in Granada entfalten, ehe der letzte Nasridenkönig Boabdil die Stadt kampflos an die Militärverbände der Katholischen Könige übergeben musste.

Granada ist heute Universitäts- und Provinzhauptstadt, zudem dank der Alhambra und der anderen Sehenswürdigkeiten ein rund ums Jahr äußerst beliebtes Ziel von Touristen aus vielen Ländern der Erde. Die Studentenszene bereichert Granada, das sich deutlich in eine Unter- und Oberstadt gliedert. Mediterranes Flair kann die Stadt nicht bieten. Hier dominiert ein kontinentales Klima mit zugigen, oft kühlen und feuchten Wintern (die Schneemassen der Sierra Nevada sind nah). Im Sommer liegt eine bleierne Hitze über der Stadt. Wer sich zu einem Ausflug nach Granada und zur Besichtigung der Alhambra entschließt, sollte Zeit, Geduld und gute Nerven mitbringen. Gerade im Sommer, bei dem zumeist erheblichen Andrang vor und in der Alhambra, fällt es manchem nicht leicht, angesichts der grandiosen Bauwerke die angemessene Muße und Beschaulichkeit aufzubringen. Nehmen Sie sich Zeit für diese sehr sensibel gestalteten Meisterleistungen maurischer Baukunst und meiden Sie dabei die Mittagshitze!

Bei Granada liegen einige urwüchsige Gebirgsregionen, die unbedingt einen Ausflug lohnen: die Sierra Nevada, deren höchste Gipfel von Granada aus zu sehen sind, und die rauen Alpujarras.

Hotels/andere Unterkünfte

Parador Nacional San Francisco → S. 69, d 3

Untergebracht in restaurierten historischen Räumlichkeiten unmittelbar neben der Alhambra. Wundervoller Blick auf das Albaicín-Stadtviertel. Komfortabler Parador-Standard in allen Salons und Zimmern. Von Frühling bis Herbst stark frequentiert. Reservierung unbedingt erforderlich.
Real de la Alhambra s/n; Tel. 9 58 22 14 40, Fax 9 58 22 22 64; www.paradores.de; 36 Zimmer ●●●● CREDIT

América → S. 69, d 3

Kleines, aber sehr engagiert geführtes und beliebtes Ein-Sterne-Hotel, das in seinem Komfort einer höheren Kategorie entspricht. Lage auf dem Alhambra-Burgberg, schöner Patio, fast familiäres Ambiente. Im Sommer oft ausgebucht. Reservierung unbedingt erforderlich.
Real de la Alhambra 53;
Tel. 9 58 22 74 71, Fax 9 58 22 74 70;
13 Zimmer ●●● CREDIT ♿

Palacio de Santa Inés → S. 69, c 2

Kleines, aber sehr reizvoll im Stadtviertel Albaicín gelegenes Drei-Sterne-Hotel mit herrlichem Blick auf die Alhambra. Das Gebäude mit Innenhof basiert auf Fundamenten aus dem 16. Jh. Gepflegte und geschmackvoll gestaltete Zimmer. Einfaches Frühstück, ansonsten empfehlenswert. Piano-Bar, Parkplatz.
Cuesta de Santa Inés 9;
Tel. 9 58 22 23 62, Fax 9 58 22 24 65;
www.palaciosantaines.com; 35 Zimmer ●●● AmEx MASTER VISA

Casa de los Migueletes → S. 69, c 2

Sympathisches Hotel im engen Gassengewirr des Albaicín-Viertels in einem restaurierten historischen Gebäude aus dem 17. Jh. mit drei Etagen, Turmzimmer, Innenhof und Galerien. Geschmackvolle Ausstattung. Reduzierter Tarif in nahe gelegenem Parkhaus. Engagierter Service.
Calle Benalua 11 (nahe Plaza Nueva); Tel. 9 58 21 07 00, Fax 9 58 21 07 02; www.casamigueletes.com; 25 Zimmer, ●● CREDIT

Macia → S. 69, c 2

Modern und funktional ausgestattetes Zwei-Sterne-Hotel nahe der Auffahrt zur Alhambra. Günstige Lage, hinreichender Service.
Plaza Nueva 4; Tel. 9 58 22 75 36, Fax 9 58 22 75 33; www.maciahoteles.com; 44 Zimmer ●● CREDIT

Spaziergang

Er führt durch das berühmte, gegenüber der Alhambra gelegene Viertel **Albaicín**, das von der UNESCO als Weltkulturerbe eingestuft wurde. Es war einst ein maurisches Wohnviertel und birgt noch heute viel Atmosphäre, enge, verwinkelte Gassen und schöne, blumengeschmückte Stadtpaläste, die man in Granada **Carmenes** nennt.

Unser Spaziergang beginnt im Tal des Río Darro an der **Casa del Castril** (Carrera del Darro). Wir gehen die **Calle Zafra** aufwärts bis zur **Calle San Juan de los Reyes**, dann auf dieser Straße rechts bis zur **Cuesta del Chapiz**, hier dann links an der **Casa del Chapiz** vorbei bis zur **Plaza Albaida**. Das ist nur ein Vorschlag. Es gibt auch noch andere Gassen.

Sehenswertes

Alhambra in Granada → S. 69, c 2/d 3

Karte → S. 73

Die weltberühmte Burganlage mit den angeschlossenen Generalife-Gärten zählt zu den herausragendsten Sehenswürdigkeiten ganz Andalusiens. Die rote Burg (arabisch: Kala al-Hambra) erstreckt sich, von einer kilometerlangen Mauer umschlossen, auf einem Höhenzug gegenüber dem Stadtviertel Albaicín, das von der UNESCO zum Weltkulturerbe erklärt wurde. Von der Alhambra bieten sich gerade im Frühling und Früh- 7 sommer reizvolle Blicke auf die dann zumeist noch schneebedeckten Gipfel der Sierra Nevada.

Mit dem Bau der Burganlage wurde bereits im 13. Jh. begonnen, ihre wesentliche Ausprägung erfuhr die Alhambra aber im 14. Jh. Höhepunkt des Alhambra-Besuches ist die Begegnung mit dem Königspalast der Nasriden, mit dem Patio de los Arrayanes (Myrtenhof), dem Patio de los Leones (Löwenhof), dem Patio de la Acequia, der Sala de los Embajadores, der Sala de los dos Hermanas, der Sala de los Reyes und der Sala de los Abencerrajes. Hier zeigt sich das feinsinnige und detailverliebte Raffinement maurischer Dekorations- und Baukunst. Marmor, bunte Fliesen (»azulejos«), Alabasterstuck und Decken aus ornamental angeordneten Edelhölzern zieren diese Räumlichkeiten. Beeindruckend sind auch die Innenhöfe und kleinen Gartenanlagen

Die Alhambra in Granada erhebt sich majestätisch über dem Stadtviertel Albaicín. Hinter den Mauern verbirgt sich eine einzigartige Pracht aus maurischer Zeit.

mit ihren Wasserspielen. Alle Bauwerke prahlen nicht mit Größe und Mächtigkeit, sondern betonen Ästhetik, Gleichgewicht der Formen und Ornamente sowie Ausgewogenheit der Proportionen.

Über eine Zypressenallee erreicht man die prächtige Gartenanlage **Generalife.** Sie verkörpert eine wohltuende Harmonie zwischen Gebäuden, Wasserspielen und Pflanzenarrangements.

Von einer Besichtigung der Alhambra während der sommerlichen Mittagshitze ist abzuraten. Im Sommer sind die Morgen- oder Abendstunden für eine Besichtigung am geeignetsten. **Wichtiger Hinweis:** Da es pro Tag nur ein begrenztes Kontingent an Eintrittskarten gibt, sollte man sie rechtzeitig über ein Reisebüro, die Touristeninformation oder die Servicenummer 9 02 22 44 60 (9–18 Uhr) bestellen und dabei auch die aktuellen Öffnungszeiten prüfen. Kartenbestellung auch unter www.alhambratickets.com. Zur Alhambra kommt man auch mit dem Bus Nr. 2.

Tgl. 8.30–18, Fr und Sa auch 20–21.30 Uhr; Infotelefon: 9 58 22 75 27, Fax 9 58 22 63 63; Reservierung für Gruppen Tel. 9 58 22 09 12; Eintritt 10 € plus Vorverkaufsgebühr, Karten sind am Eingang zum Generalife erhältlich

Baños Árabes ⟶ S. 69, c 2

Die Wasch-, Bade- und Ruheräume stammen vermutlich aus dem 11. Jh. und sind damit älter als die Badeanlage in der Alhambra.

Carrera del Darro 31; Di–Sa 10–14 Uhr

Capilla Real ⟶ S. 69, b 2

1504 beauftragten die Katholischen Könige Fernando und Isabella Enrique de Egas mit der Errichtung einer Grabstätte für sie. So entstand ein beeindruckendes Bauwerk isabellinischer Spätgotik. Die eigentliche Grabkapelle wird durch ein kunstvoll gestaltetes Gitter (»reja«) abgetrennt, das das kastilische Wappen sowie die Symbole der Katholischen Könige (Joch und Pfeife) zeigt. Im Zentrum der Grabkammer befindet sich das Grabmal von Fernando und Isabella. Er, gestorben 1516, trägt ein Schwert in der Hand.

Sommer Mo–Sa 10.30–13 und 16–19 Uhr, Winter Mo–Sa 10.30–13 und 15.30–18 Uhr, So und an Feiertagen 11–13 Uhr; Eintritt 2,50 €

Catedral ⟶ S. 69, b 2

1523 wurde mit dem Bau der bedeutendsten Renaissancekirche Andalusiens begonnen. Besonders hervorzuheben im Innern des großen, von fünf Langschiffen geprägten Baus sind die Capilla Mayor sowie der Altar des Jesus von Nazareth, zu dem auch Gemälde von Antonio Ribera, Alonso Cano und El Greco zählen.

Eingang von der Gran Vía de Colón; Sommer Mo–Sa 10.30–13 und 16–19 Uhr, Winter Mo–Sa 10.30–13 und 15.30–18, So nur 16–19 bzw. 15.30–18 Uhr; Eintritt 2,50 €

Corral del Carbón ⟶ S. 69, b 2

Einzige noch aus maurischer Zeit erhaltene Karawanserei auf spanischem Boden. Das Gebäude stammt aus dem frühen 14. Jh. Eine dreifache Galerie umrahmt den Innenhof.

Calle Mariana Pineda; Mo–Fr 9–20, Sa und So 10–14 Uhr; Eintritt frei

Monasterio de la Cartuja ⟶ S. 69, nördl. c 1

Das etwas außerhalb des historischen Zentrums gelegene Kartäuserkloster wurde 1506 gegründet. Sehenswert sind Kreuzgang und Refektorium.

Winter Mo–Sa 10–13 und 16–20 Uhr, So 10–12, 15.30–18 Uhr, Sommer Mo–Sa 10–13 und 16–20 Uhr; Eintritt 1,80 €

Palacio de Carlos V ⟶ S. 69, c 3/d 3

Innerhalb der Alhambra ließ sich Karl V. ab 1526 einen monumentalen Palast erbauen, den er jedoch niemals bewohnte. Das von nüchternen und strengen Bauelementen gezeich-

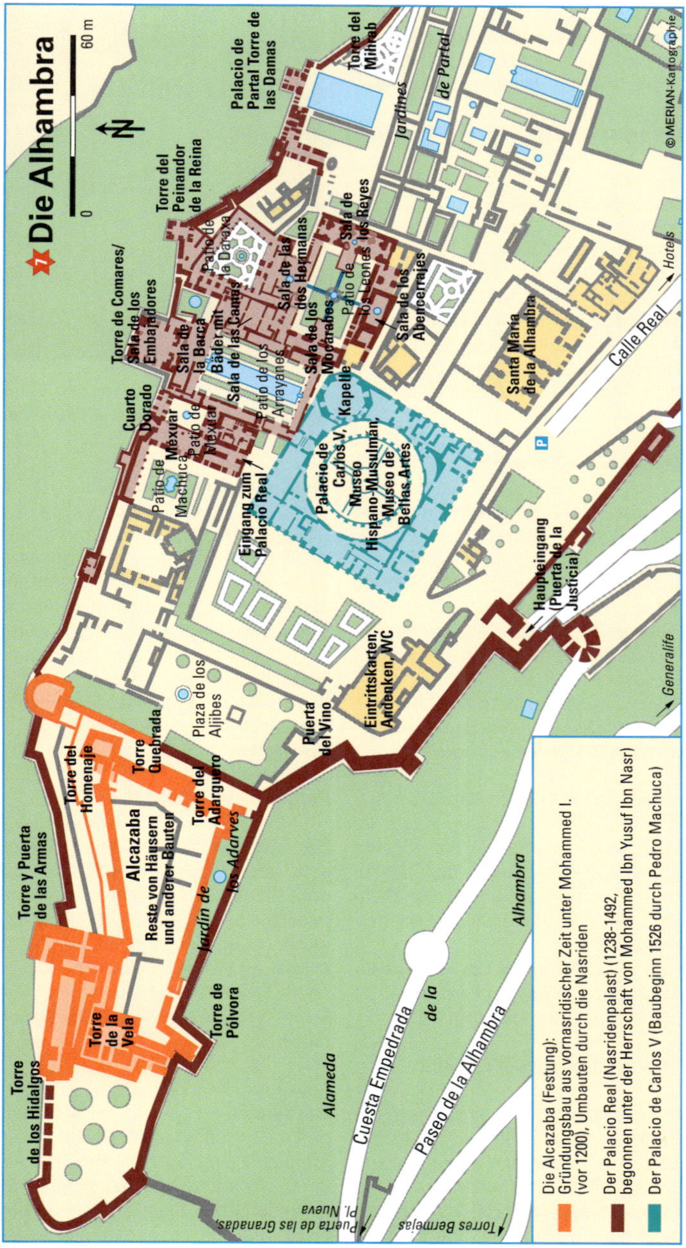

7 Die Alhambra
0
60 m
N
Torre de Comares/ Sala de los Embajadores
Torre del Peinador de la Reina
Palacio de Partal Torre de las Damas
Torre del Mihrab
Jardines de Partal
Patio de la Daraxa
Sala de las dos Hermanas
Sala de los Reyes
Sala de la Barca
Bäder mit Sala de las Camas
Patio de los Leones
Sala de los Mocárabes
Sala de los Abencerrajes
Patio de los Arrayanes
Cuarto Dorado
Mexuar
Patio de Mexuar
Patio de Machuca
Kapelle
Palacio de Carlos V, Museo Hispano-Musulmán, Museo de Bellas Artes
Eingang zum Palacio Real
Santa María de la Alhambra
Calle Real
Hotels
P
Haupteingang (Puerta de la Justicia)
Generalife
Eintrittskarten, Andenken, WC
Puerta del Vino
Plaza de los Aljibes
Torre Quebrada
Torre del Homenaje
Torre del Adarguero
Alcazaba
Reste von Häusern und anderer Bauten
Jardín de los Adarves
Torre y Puerta de las Armas
Torre de la Vela
Torre de Pólvora
Torre de los Hidalgos
Alameda
Cuesta Empedrada
de la
Alhambra
Paseo de la Alhambra
Pl. Nueva
Puerta de las Granadas
Torres Bermejas
Die Alcazaba (Festung): Gründungsbau aus vornasridischer Zeit unter Mohammed I. (vor 1200), Umbauten durch die Nasriden
Der Palacio Real (Nasridenpalast) (1238-1492, begonnen unter der Herrschaft von Mohammed Ibn Yusuf Ibn Nasr)
Der Palacio de Carlos V (Baubeginn 1526 durch Pedro Machuca)
© MERIAN-Kartographie

nete Gebäude gilt als bedeutendes Bauwerk der Hochrenaissance. Heute sind hier das **Museo de Bellas Artes** und das **Museo Hispano-Musulmán** untergebracht.
Öffnungszeiten und Eintritt → Alhambra

MUSEEN

Museo Arqueológico → S. 69, c 2

Prähistorische, phönizische, iberische, römische und maurische Fundstücke. Auch Überbleibsel aus der legendären Stadt Tartessos. Untergebracht in einem sehenswerten Adelspalast, der Casa del Castril.
Carretera del Darro 43; Mi–Sa 9–20, Di 15–20, So 9–14.30 Uhr; für EU-Bürger Eintritt frei

Museo de Bellas Artes → S. 69, c 3/d 3

Innerhalb der Alhambra im Palast von Carlos V untergebracht. 14 Säle präsentieren Kunstwerke aus fünf Jahrhunderten, darunter bedeutende Werke von Alonso Cano, López Mezquita und Rodríguez Acosta. Außerdem Kunstwerke aus den Kirchen und Klöstern Granadas.
Palacio de Carlos V; Di–Sa 10–14 Uhr; die Eintrittskarte zur Alhambra berechtigt auch zum Besuch dieses Museums

Museo Casa Federico García Lorca → S. 69, westl. a 2

Inmitten der Huerta de San Vicente gelegen. Gegenstände und Werke aus der Epoche des berühmten Dichters, der hier einst seine Sommerresidenz hatte.
Calle Virgen Blanca s/n bzw. Po. Federico García Lorca; Di–So 10–13 und 16–19 Uhr; Eintritt 1,80 €, Mi Eintritt frei

Museo Casa Manuel de Falla → S. 69, c 3

Im ehemaligen Wohnhaus des berühmten Komponisten werden persönliche Erinnerungsstücke und privates Mobiliar präsentiert.
Calle Antequeruela Alta (nahe Alhambra); Di–Sa 10.15–14.45 Uhr; Eintritt 1,80 €

Die Alhambra (→ S. 70) ist von den Generalife-Gärten umgeben, die kunstvoll angelegt sind.

Museo Hispano-Musulmán → S. 69, c 3/d 3

Das auch Alhambra-Museum (Museo de la Alhambra) genannte Museum ist im Palast von Carlos V inmitten der Alhambra untergebracht. Arabisches Kunsthandwerk: sehr schöne Kacheln, bunte Glasgegenstände, Holzschnitzereien.
Di–Fr 10–14, Sa 10–13 Uhr; die Eintrittskarte für die Alhambra gilt auch für dieses Museum

Parque de las Ciencias → S. 69, östl. b 3

Das Wissenschaftsmuseum bietet sehr interessante Ausstellungen zu den Themen Erde, Atmosphäre, Leben, Ökologie, Wellen, Licht, Akustik, Mathematik, Mechanik etc.
Avenida del Mediterraneo s/n; Di–Sa 10–19, So und Feiertage 10–15 Uhr; Eintritt 2,10 € sowie 0,90 € für das Planetarium

ESSEN UND TRINKEN

Las Tinajas → S. 69, a 2

Seit vielen Jahren ein Klassiker in der granadinischen Gastroszene. José Álvarez garantiert hier hausgemachte granadinische Spezialitäten sowie Fisch- und Fleischgerichte aus ande-

ren spanischen Regionalküchen. Sehr exquisit: die mit Schinken und Käse gefüllten Mangoldstengel sowie der Seeteufel.
Calle Martínez Campos 17; Tel. 9 58 25 43 93; Juli geschl. ●●● CREDIT

Einkaufen

Artesanos Camiseros → S. 69, b 2
Hemden nach Maß. Große Auswahl an Stoffen, Kragen, Manschetten.
Montería 5

Casa Vilchez → S. 69, b 2
Altertümlich eingerichteter Laden für Käse-, Wurst- und Schinkenspezialitäten aus der Region. Pata Negra aus Huelva.
Calle de San Jerónimo 10

Espartería y Cestería El Santísimo → S. 69, b 1
Taschen, Körbe, Fußmatten aus Espartogras oder Binsen und noch vieles mehr kann man in diesem alteingesessenen Geschäft erstehen. Schöne traditionelle Espartogras-Objekte zu günstigen Preisen.
Nueva del Santísimo 6

Am Abend

Los Tarantos → S. 69, d 2
Flamencodarbietungen. Die Flamencobühne besteht schon seit mehr als 25 Jahren im Ortsteil Sacromonte.
Cno. del Sacromonte 9; Reservierungen: Tel. 9 58 22 45 25 und 9 58 22 24 92

Zambra Gitana → S. 69, östl. d 2
Viel besuchtes Flamencolokal. Abholung vom Hotel möglich.
Cno. del Sacromonte 70; Tel. 9 58 22 71 29

Service

Auskunft
Fremdenverkehrsbüro
- **Corral del Carbón** → S. 69, b 2
  Tel. 9 58 22 59 90, Fax 9 58 22 39 27
- **Plaza Mariana Pineda 10** → S. 69, b 3
  Tel. 9 58 22 66 88, Fax 9 58 22 89 16

oder www.turismodegranada.org

Ziele in der Umgebung

Almuñécar → S. 117, E 18

15 000 Einwohner

Beherrschendes touristisches Zentrum im Bereich der granadinischen Costa Tropical. Der einstige Fischerort, dessen Gründung auf die Phönizier zurückgeht, ist heute ein beliebtes Seebad mit Marina, zahlreichen Bars, Restaurants und einer sehenswerten Burganlage (Eintritt 2 €). Rund 15 km östlich liegt die Küstenortschaft **Salobreña**, ebenfalls ein beliebtes Ferienzentrum.
85 km von Granada

Service

Auskunft
Fremdenverkehrsbüro Almuñécar
Avenida de Europa s/n; Tel. 9 58 63 11 25; Internet-Infos unter: www.almunecar.info

Fremdenverkehrsbüro Salobreña
Avenida del Mediterraneo s/n; Tel. 9 58 82 83 45

Las Alpujarras → S. 118, A 22

Wilde und urwüchsige Berglandschaft zwischen der Sierra Nevada und der granadinischen Küste Costa Tropical (→ Routen und Touren, S. 89). 8 Nach der Vertreibung der Mauren aus Granada 1492 flüchteten viele der zum Christentum zwangsbekehrten Mauren (Morisken) in die unwegsamen Täler der Alpujarras. Nachdem sie Anfang des 17. Jh. auch von hier vertrieben worden waren, wurden durch die Regierung in Madrid Christen aus Nordspanien, vor allem aus Galicien, angesiedelt. Noch heute tragen einige Alpujarra-Dörfer wie Pampaneira oder Capileira galicische Namen. Die Alpujarras sind heute ein beliebtes Ziel für Bergwanderer und naturkundlich interessierte Touristen. In der sehr reizvollen Gegend

wird typisches Kunstgewerbe (Keramik) angeboten. Zahlreiche Unterkünfte gibt es in Bubión, Orgiva, Ugíjar, Mecina Fondales oder Pampaneira. In der Ortschaft Yegen lebte zwischen 1920 und 1934 mit Unterbrechungen der britische Historiker und Schriftsteller Gerald Brenan, von dem das lesenswerte Buch »Südlich von Granada« stammt.
50 km von Granada

Guadix

→ S. 118, A 21

20 000 Einwohner

Größte Sehenswürdigkeit sind die zahlreichen **Höhlenwohnungen** in der unmittelbaren Umgebung von Guadix. Das Relief der Umgebung besteht aus weichem, bizarr geformtem Sandstein, in den die Bewohner Räumlichkeiten gegraben haben, die als Ställe, Speicher oder Wohnräume dienen. Heute werden einige dieser originellen Höhlenwohnungen auch als touristische Unterkünfte vermietet.
50 km von Granada

SERVICE

Auskunft

Fremdenverkehrsbüro
Carretera de Granada s/n; Tel. 29 58 66 26 65

Sierra Nevada

→ S. 117, F 17–S. 118, A 21

Die markante, südöstlich der Hauptstadt Granada gelegene Gebirgskette erstreckt sich über mehr als 100 km Länge. Die Sierra Nevada ist als Biosphärenreservat und als Nationalpark (**Parque Nacional**) geschützt. Mit einer Fläche von 86 000 ha ist die Sierra Nevada der größte Nationalpark Spaniens. In der Hochgebirgsflora finden sich 30 Prozent der in Spanien einheimischen Arten und 800 endemische Spezies. Höchste Erhebungen innerhalb der Gebirgskette sind der **Cerro de Mulhacén** (3481 m), der höchste Berg der Iberischen Halbinsel, sowie der **Pico de Veleta** mit 3392 m. Im westlichen Bereich der Sierra Nevada liegt das Winter-

Das pittoreske Salobreña in der Nähe von Almuñécar (→ S. 75) ist im Sommer ein beliebter Badeort der Granadinos. Er liegt unterhalb einer eindrucksvollen Maurenfestung.

In den nördlichen Ausläufern der Alpujarras liegt Guadix, die Ortschaft der Höhlen.

sportgebiet **Solynieve** (→ Sport und Strände, S. 24). Doch auch bei Bergwanderern ist die Sierra sehr beliebt. Von Granada aus führt eine gut ausgebaute Straße (GR 420) bis hinauf in die Gipfelbereiche der Sierra Nevada. Diese höchste Bergstraße Europas, die nur in den schneefreien Sommermonaten problemlos zu bewältigen ist, erklimmt eine Höhe von fast 3400 m.

35 km von Granada

Jaén

→ S. 111, E 7

105 000 Einwohner

In maurischer Zeit war Jaén nach dem Zerfall des berühmten Kalifats von Córdoba Sitz eines maurischen Stammes (Taifa). 1246 eroberten die Truppen der Katholischen Könige die Stadt, bauten die Burganlage oberhalb der Stadt aus und kontrollierten auch weiterhin von hier aus die Region bei der militärischen Zurückdrängung der Mauren (Reconquista). Im Jahre 1491 sammelten sich bei Jaén die christlichen Militärverbände, ehe sie zur Eroberung Granadas, der letzten Bastion der Mauren in Spanien, weiterzogen.

Jaén ist heute eine angenehm verschlafen und in ihrem Aussehen etwas ältlich wirkende Provinzmetropole. Glanz und Spektakel hat die Stadt kaum zu bieten. Ein Erlebnis sind jedoch die Kultur- und Naturlandschaften der Provinz. Neben sehr weitläufigen Olivenkulturen – die Provinzen Jaén und Córdoba sind die bedeutendsten Produktionsgebiete von spanischem Olivenöl – verfügt Jaén über äußerst reizvolle Landschaften mit wilden Schluchten, dichten Wäldern, Flussauen und Höhenzügen. In den letzten Jahren wird hier verstärkt auf Naturschutz geachtet.

Hotels/andere Unterkünfte

Castillo de Santa Catalina

Im gleichnamigen Castillo auf dem Burgberg untergebrachtes Parador-Hotel. Wundervolle Sicht über die Stadt und die angrenzenden Landschaften. Die originellen Räumlichkeiten sind wie die einer Ritterburg ausgestattet. Gediegener Komfort. Zumeist hinreichend freundlicher Service.

Castillo de Santa Catalina;
Tel. 9 53 23 00 00, Fax 9 53 23 09 30;
www.paradores.de; 45 Zimmer ●●● CREDIT

Rey Fernando
Solides Mittelklassehotel ohne besondere Extras. Günstige Lage nahe dem Busbahnhof. Eigener Parkplatz. Drei Sterne. Das günstigste Hotel in dieser Kategorie.
Plaza de la Piñera s/n; Tel. 9 53 25 18 40, Fax 9 53 26 51 22; 30 Zimmer ●● VISA

SEHENSWERTES

Baños Árabes
Maurische Badeanlagen aus dem 11. Jh.: Sie gelten als die ausgedehntesten Bäder aus maurischer Zeit in ganz Andalusien. Das Dampfbad und die einzelnen Badekabinen sind deutlich zu erkennen. Als Materialien wurden Ziegel und Marmor verwendet. Ausgesprochen interessant.
Erdgeschoss des Palacio de Villardompardo (Plaza del Pato); Di–Fr 9–20, Sa, So 10.30–14.30 Uhr; Eintritt frei

MERIAN-Tipp

10 Úbeda
Die rund 60 km nordöstlich von Jaén gelegene Ortschaft verfügt über einen gepflegten Altstadtkern mit zahlreichen gut erhaltenen Monumentalbauten. Aus dem 16. und 17. Jh. – in dieser Epoche ließen sich hier viele vermögende Adelige nieder – haben rund 70 wunderschöne Renaissancepaläste überdauert. Keine andere Stadt Andalusiens verfügt über prächtigere Renaissancebauten. Auch der örtliche Parador Condestable Dávalos (→ MERIAN-Tipp, S. 13) residiert heute in einem stilvollen restaurierten Renaissancepalast. Úbeda und die Nachbarstadt Baeza wurden von der UNESCO zum Weltkulturerbe erklärt.
→ S. 111, F 7

Castillo de Santa Catalina
Auf einem markanten Hügel westlich oberhalb der Stadt liegt diese restaurierte Burganlage. In ihrer heutigen architektonischen Form ist die Burg maurischen Ursprungs. Da die Festung von den Truppen der Katholischen Könige am Tag der heiligen Katharina erobert wurde, trägt sie ihren Namen. Das Castillo beherbergt heute ein komfortables Parador-Hotel (→ S. 77). Vom Burggelände, zu dem eine Serpentinenstraße hinaufführt, eröffnet sich ein großartiger Blick über die Provinzhauptstadt.

Im Frühjahr sind die ausgedehnten Klatschmohnfelder Andalusiens eine Augenweide.

Besichtigung innen: Do–Di 10–14 Uhr; Eintritt 3 €

Catedral
Mächtige Kathedrale im Stadtzentrum mit unverkennbar dominierenden Renaissanceelementen. Die Anfänge des Baus stammen aus der Zeit um 1500. Die komplette Fertigstellung zog sich bis zum Ende des 18. Jh. hin. Größte Kostbarkeiten im Innern des dreischiffigen Gotteshauses sind ein holzgeschnitztes Chorgestühl mit Szenen aus dem Alten und Neuen Testament sowie das angebliche Schweißtuch der Heiligen Veronika, das hier den Namen Santo Rostro trägt. Angeschlossen ist auch ein Kathedralmuseum mit Gemälden und Devotionalien.
Plaza de la Magdalena

MUSEEN

Museo de Artes y Costumbres Populares
Interessante volkskundliche Sammlung mit historischen Objekten aus dem ländlichen Alltag.
Palacio de Villardompardo (Plaza del Pato); Di–Fr 9–20, Sa, So 9.30–14.30 Uhr; Eintritt frei

Museo Provincial
Archäologische Sammlung sowie Skulpturen- und Gemäldesammlung. Herausragende Kostbarkeiten sind ein römisches Mosaik, ein Sarkophag aus vorchristlicher Zeit und die iberische Skulptur von Porcuna aus dem 5. Jh. v. Chr.
Paseo de la Estación 27; Di–Sa 9–20, So 9–15 Uhr; Eintritt frei

ESSEN UND TRINKEN

Casa Antonio
Kreative, niveauvolle Küchenleistungen. Regionale, spanische und internationale Spezialitäten unter der Ägide des erfahrenen Küchenchefs José Cortés.
Fermín Palma 3; Tel. 9 53 27 02 62; So und Aug. geschl. ●● CREDIT

SERVICE

Auskunft

Fremdenverkehrsbüro
Calle Maestra 13, Erdgeschoss; Tel. 9 53 19 04 55; www.promojaes.es und www.aytojaen.es/turismo

Ziel in der Umgebung

Baeza
→ S. 111, F 7

15 000 Einwohner

Die Ortschaft liegt rund 50 km nordöstlich von Jaén und wird oft als die Schwesterstadt des 10 km entfernten **Úbeda** bezeichnet (→ MERIAN-Tipp, S. 78). Baeza ist ähnlich wie Úbeda von weitläufigen Olivenanpflanzungen umgeben und verfügt über ein sehenswertes geschlossenes Altstadtensemble mit bedeutenden Palästen und Kirchen im Stile der Renaissance. Anders als andernorts in Spanien üblich werden hier die Kirchenbauten vom Glanz der Profanbauten überstrahlt. Baeza und Úbeda wurden von der UNESCO als Weltkulturerbe eingestuft.
40 km von Jaén

MUSEUM

Olivenöl-Museum Hacienda La Laguna
9 km außerhalb von Baeza in Richtung Jaén an der Landstraße gelegenes Museum, das sich der traditionellen Herstellung von Olivenöl widmet. Zu sehen sind alte Pressen und vielerlei Gerätschaften und Vorratsbehälter. Im angeschlossenen »Garten der Vielfalt« werden Olivenbäume aus dem ganzen Mittelmeergebiet kultiviert. Angeschlossen ist auch ein Shop.
Paraje Natural de La Laguna Grande, Complejo Hacienda La Laguna; Puente del Obispo, Carretera Nr. 312, km 8; www.museodelaculturadelolivo.com; im Sommer 10.30–13.30 und 16.30–19 Uhr, im Winter 10.30–14 und 16–18.30 Uhr; Eintritt Erwachsene 3 €, Kinder 1,50 €

Almería und der Osten

Intensive Sonne prägt den Charakter dieser Region mit ihren schönen Stränden und wilden Gebirgen.

Wer einmal die Alcazaba, eine mächtige Burg oberhalb der Stadt Almería, erklommen hat, wird mit einem wunderbaren Blick auf das Umland belohnt.

Das günstige Klima lässt hier im Küstenbereich Obst und Gemüse viele Monate im Jahr wachsen, die milden Temperaturen laden auch zu einer Winterreise ein. Wer Wandermöglichkeiten, typisch andalusische Bergdörfer und die Einsamkeit der Bergwelt sucht, sollte sich in das Hinterland aufmachen.

Almería

⋯› S. 118, B 22

160 000 Einwohner
Stadtplan → S. 83

»Al Mariya«, Spiegel des Meeres, nannten die Mauren diese zumeist von reichlich Sonne und von frischen Meeresbrisen verwöhnte Stadt. Phönizier, Griechen, Karthager, Römer und Westgoten siedelten in diesem geschützten Küstenbereich, wo sich die Seerouten von Nordafrika nach Europa kreuzten. Seine kulturelle und wirtschaftliche Blütezeit erlebte Almería schließlich unter den Mauren. Während des Kalifats von Córdoba avancierte die Stadt zu einem der bedeutendsten Häfen des Maurenreiches. Später war sie Hauptstadt einer Taifa, eines mächtigen Maurenstammes. Erst 1489 ging in Almería die Herrschaft der Mauren zu Ende. 1522 zerstörte ein Erdbeben weite Teile der historischen Bausubstanz.

Aus der Blütezeit der Mauren haben in Almería die Fundamente und Wehrmauern der **Alcazaba**, der mächtigen Burganlage oberhalb der Stadt, überdauert. Almería genießt heutzutage die nicht sonderlich aufregende Existenz einer rechtschaffenen Provinzhauptstadt. Der touristische Betrieb konzentriert sich auf die weiter westlich gelegenen Küstenortschaften Roquetas de Mar und Aguadulce. Von einem größeren Besucherandrang wie in Sevilla oder Granada bleibt Almería verschont. Überaus sehenswert sind die diversen Bergregionen im Hinterland der Provinz sowie der Naturpark **Cabo de Gata-Níjar** an der Küste.

Hotels/andere Unterkünfte

Gran Hotel Almería ⋯› S. 83, b 3
Verkehrsgünstige Lage nahe dem Hafen. Moderne, zweckmäßige, teilweise komfortable Ausstattung. Schwimmbad. Vier Sterne.
Avenida de la Reina Regente 8; Tel. 950 23 80 11, Fax 950 27 06 91; www.granhotelalmeria.com; 105 Zimmer ●●● CREDIT ♿

Torreluz IV. ⋯› S. 83, b 2
Zentral gelegener Hotelklassiker mit Räumlichkeiten auf Vier-, Drei- und Zwei-Sterne-Niveau. Sie liegen alle an der Plaza Flores. Zweckmäßige Ausstattung.
Plaza Flores 5; Tel. 902 23 49 99; www.amhoteles.com; 109 Zimmer ●●● CREDIT

Spaziergang

Er beginnt am Verkehrsknotenpunkt Puerta de Purchena, wo auch die Flanierstraße Paseo de Almería Richtung Hafen führt. Wir folgen indes über die Einkaufsstraße Calle de las Tiendas bis zur Plaza Vieja mit den schönen Arkaden. Von hier aus spazieren wir über die Calle José María de Acosta und dann nach 200 m weiter auf der Calle Almanzor (der Beschilderung folgen) bis zur Alcazaba. Die Besichtigung der restaurierten Festungsanlage aus maurischer Zeit lohnt unbedingt. Unterhalb der Alcazaba erkennt man das ehemalige Fischerviertel La Chanca. Dann führt unser Spaziergang am Hang hinunter Richtung Hafen bis zum Parque de Nicolás Salmerón.

Sehenswertes

Alcazaba ⋯› S. 83, a 2
Die sich hoch über die Stadt erhebende Festungsanlage aus maurischer Zeit wurde unter dem Herrscher Abd ar-Rahman III. errichtet (10. Jh.), vom maurischen Heerführer Almansur (Almanzor) erweitert und später noch weiter ausgebaut. Hinter einem mehrfachen Mauerring erstreckte sich die

geschützte Fläche innerhalb der Festung auf rund 35 000 qm. Etwa 20 000 Menschen konnten hier Zuflucht finden. Ein Großteil der imposanten Festungsanlage wurde in den letzten Jahren restauriert. Gelegentlich finden in den historischen Gemäuern auch Konzerte oder andere Kulturveranstaltungen statt.
Winter 9–18.30 Uhr, Sommer 9–20.30 Uhr, Mo geschl.; für EU-Bürger Eintritt frei

Catedral → S. 83, a 3/b 3
Mit dem Bau der markanten Wehrkirche wurde zwei Jahre nach dem Erdbeben von 1522 begonnen. Die Kirche mit ihren vier wuchtigen Ecktürmen bot seinerzeit auch Schutz gegen Piratenüberfälle. Zu den Kostbarkeiten im Innern des dreischiffigen Gotteshauses zählen ein aus Nussbaumholz geschnitztes Chorgestühl mit interessanten Figurenreliefs sowie ein vergoldetes Retabel mit Szenen aus dem Neuen Testament.
Plaza Catedral; Mo–Fr 10–17, Sa 10–13 Uhr; Eintritt 2 €

Mercado Central → S. 83, b 2
Werktags an Vormittagen stets belebte Markthalle mit einem stattlichen Angebot an Früchten, Gemüse, Fisch, Fleisch, Käse und Delikatessen. Die Markthalle selbst stammt aus dem Ende des 19. Jh.
Rambla del Obispo Orbera (Zugang auch vom Paseo de Almería)

Essen und Trinken

Bellavista → S. 83, östl. c 3
Renommiertes Restaurant auf Gourmet-Niveau. Spanische und almeriensische Spezialitäten, kompetent zubereitet von der Küchenchefin Teresa González. Exquisit: die Zickleinkeule auf Alpujarra-Art sowie die Kaktusfeigen mit Honig, Sahne und Mandeln. Hervorragend sortierter Weinkeller mit angeblich mehr als 12 000 Flaschen – gewiss das umfangreichste Weinangebot in der Stadt.
Llanos de Alquián (Urbanización Bellavista); Tel. 9 50 29 71 56; So abend und Mo geschl. ●●● CREDIT

Club de Mar → S. 83, südl. b 3
Grandiose Lage in Meeresnähe, elegante klassische Ausstattung mit großem Salon und Terrasse (Blick aufs Meer) und hochklassige kulinarische Leistungen für ein Feinschmeckerpublikum. Besonders gelungen sind die diversen Fischgerichte aus stets frischen Primärprodukten. Hausgemachte Desserts und eine erstaunlich umfassende Weinkarte mit seltenen Rioja-Rotweinen. Klimaanlage, eigene Parkmöglichkeiten, Einrichtungen für Behinderte, Terrasse.
Muelle de las Almadrabillas; Tel. 9 50 23 50 48 ●●● AmEx MASTER VISA

La Gruta → S. 83, westl. a 3
Eine kreative, von mediterranen Spezialitäten geprägte Küche. Eines der Top-Restaurants der Stadt. Beachtliche Weinauswahl. Sehr exquisite Tapas, Vorspeisen und Desserts.
Ctra. Nacional 340, km 436; Tel. 9 50 26 32 35; ab 20 Uhr, So und Nov. geschl. ●● CREDIT

Einkaufen

La Dulce Alianza → S. 83, b 2
Im Hinblick auf exquisite Kuchen, Torten und andere Süßigkeiten ein Klassiker. Außerdem Wurst, Käse und Weine.
Paseo de Almería 18

Jamonería Andaluza → S. 83, b 2
Kleines Delikatessengeschäft mit einem vorzüglichen Angebot an Wurstwaren und Schinken, so etwa erlesener Ibérico-Schinken.
Plaza de Purchena

Service

Auskunft

Fremdenverkehrsamt → S. 83, b 3
Parque Nicolás Salmerón 11, Ecke Martínez Campos; Tel. 9 50 27 43 55, Fax 9 50 27 43 60; www.dipalme.org

Ziele in der Umgebung

Cabo de Gata-Níjar

→ S. 118, C 22

Der östlich von Almería direkt an der Küste gelegene Naturpark Cabo de Gata-Níjar umfasst ein Areal von
9 29 000 ha und überrascht Besucher durch ein in jeder Hinsicht interessantes vulkanisches Küstengebirge mit einer spezifischen Flora und Fauna. Durch den Schutzstatus eines Parque Natural konnte diese stark von Trockenheit und Erosion geprägte Küstenzone weitgehend ihren natürlichen Charakter bewahren. Zum Schutzgebiet rings um das markante Kap Cabo de Gata zählen Salinen mit Futter- und Ruheplätzen für tausende von Flamingos, zerklüftete Küsten, Dünengebiete und Biotope für seltene Reptilien und Singvögel. Auch einige Meeresschutzgebiete (**Reservas Marinas**) im Bereich der Küstengewässer sind zugeordnet. Die am Rand des Naturparks gelegene Ortschaft Níjar ist bekannt für ihre originellen Keramiken.

35 km von Almería

Mojácar

→ S. 119, D 21

3700 Einwohner

Nördlich des Naturparks Cabo de Gata-Níjar reizvoll oberhalb der Küste am Hang gelegene Ortschaft mit sehenswerter Altstadt, zahlreichen Bars, Restaurants und touristischen Einrichtungen. Nicht wenige Ausländer haben sich in diesem spektakulär über der Küste gelegenen Ort niedergelassen. Es gibt hier auch ein komfortables Parador-Hotel. Weiter nördlich liegt der Fischerort Garrucha, der für seine weißen Gambas bekannt ist.

70 km von Almería

Hotel/Essen und Trinken

Terraza Carmona
Weit über die Provinz hinaus gerühmtes Restaurant, spezialisiert auf sehr kreativ verfeinerte andalusische und almeriensische Traditionsgerichte. Verlockende Gemüse-, Fisch- und Fleischgerichte, herrliche »salmonetes al ajoblanco«. Äußerst empfehlenswertes Tages- bzw. Gourmetmenü. Zum Betrieb zählt auch ein Drei-Sterne-Hotel.
Manuel Giménez 1, Vera;
Tel. 9 50 39 07 60, Fax 9 50 39 13 14;
www.terrazacarmona.com; 38 Zimmer;
Mo und von Dreikönigen bis Ende Jan. geschl. ●● CREDIT ♿

Roquetas de Mar

30 600 Einwohner S. 118, B 22

Die ca. 15 km südwestlich der Hauptstadt gelegene Ortschaft bildet das größte touristische Zentrum im Bereich der Costa de Almería. Zahlreiche Großhotels, Restaurants. Sport und Freizeitaktivitäten. Roquetas de Mar – teilweise auch die Nachbarortschaft Aguadulce – hat sich zu einem beliebten Ziel für den Langzeit- bzw. Wintertourismus entwickelt.
15 km von Almería

Sierra de María-Los Vélez

S. 113, E 11

Dieser Naturpark liegt im äußersten Norden der Provinz und umfasst eine urwüchsige Gebirgsregion (→ Routen und Touren, S. 91) nahe den Ortschaften Vélez-Rubio, María und Chirivel. Der Naturpark verfügt auch über ein Informationszentrum. Durch das weitläufige Schutzgebiet führen markierte Wanderwege. Oberhalb der Ortschaft **Vélez Blanco** erhebt sich eine prächtige Renaissanceburg aus dem 16. Jh.

Übernachten kann man in restaurierten Landhäusern der Gegend.
160 km von Almería

Hotel

Casa de los Arcos.
Geschmackvoll restauriertes Drei-Sterne-Hotel in einem historischen Gebäude im Zentrum von Vélez-Blanco. Gepflegtes Ambiente, mit antiken Möbeln eingerichtete Zimmer, deutsche Leitung. Günstig gelegene Lokalität für Wanderungen im Naturpark.
Calle San Francisco 2, Vélez-Blanco;
Tel. 9 50 61 48 05, Fax 9 50 61 49 47;
www.casadelosarcos.net; 14 Zimmer
●● CREDIT

Die Bucht Bahía de Los Genoveses liegt ganz in der Nähe der Ortschaft San José.

Routen und Touren

Umgeben von saftigen Weiden liegt auf einer Hügelkuppe das »Weiße Dorf« Medina Sidonia (→ S. 88).

Von der Atlantikküste bis zur Mittelmeerküste führen besonders reizvolle Routen durch grünes, dünn besiedeltes Bergland mit Pinien- und Korkeichenwäldern sowie Olivenkulturen.

10 Von Vejer nach San Roque – Die Route der Weißen Dörfer

Charakteristik: Ausflug mit dem Auto; **Länge:** 250 km; **Dauer:** 2 Tage; **Einkehrmöglichkeiten:** in allen genannen Ortschaften; **Auskunft:** z. B. in Ronda; **Karte:** → S. 88

Das Hinterland der Provinz Cádiz verfügt über äußerst reizvolle Landschaften und gepflegte Dörfer mit zumeist weiß gestrichenen Häusern. Wir folgen fortan der Ruta de los Pueblos Blancos von **Vejer de la Frontera** nach San Roque. Vejer de la Frontera liegt auf einem Hügel nahe dem berühmten Cabo de Trafalgar. Wir drehen dem Atlantik den Rücken zu und fahren zunächst auf der C 343 nach **Medina Sidonia,** dem Sitz der in der Geschichte Andalusiens stets einflussreichen Herzöge von Medina Sidonia. Von Medina Sidonia aus folgen wir der Route nach **Arcos de la Frontera,** einem bizarr auf einem Felsenabhang gelegenen Städtchen, dessen Altstadt sehr sehenswert ist.

Korkeichen und Steineichenwälder

Weiter führt die Route nun ostwärts auf der C 344 über El Bosque und Benamohama nach **Grazalema,** Metropole der waldreichen Sierra de Grazalema, einem beliebten Wandergebiet. Die gesamte Sierra Grazalema ist heute als Naturpark geschützt. Wir fahren von Grazalema weiter ostwärts bis nach **Ronda** (→ S. 59), das sich für eine Übernachtung anbietet.

Zurück an die Küste

Am nächsten Tag fahren wir auf der C 341 nach Süden durch eine wilde Bergregion. Lohnend ist der Besuch der beiden am Wegrand zwischen Korkeichenwäldern und Olivenfeldern liegenden Dörfer **Jimena de la Frontera** und – vor allem – **Castellar de la Frontera**. Die Straße nennt sich nun C 3331 und bringt uns hinunter zur Mittelmeerküste bis nach **San Roque,** wo unser Ausflug endet.

Von Granada durch die Alpujarras – Im andalusischen Bergland

Charakteristik: Ausflug mit dem Auto; **Länge:** 250 km; **Dauer:** 1–2 Tage; **Einkehrmöglichkeiten:** z. B. in Trevélez; **Auskunft:** z. B. in Laujarón; **Karte:** → S. 89

Die Alpujarras, ein Vorgebirge der Sierra Nevada, bescheren dem Besucher eine raue, urwüchsige Berglandschaft mit weiten Blicken über Täler und Hänge, Mandel- und Feigenkulturen sowie kleine Dörfer. Die Gegend bietet noch viel Ursprünglichkeit, gute Bergluft, herzhafte Speisen (luftgetrockneter Schinken) und auch interessante architektonische Monumente. Der Weinanbau zur Herstellung von charaktervollen Rotweinen hat in den letzten Jahren zugenommen, nachdem die Weinkultur über viele Jahrzehnte praktisch ausgestorben war. In den meist engen, wasserreichen Tälern der stark zerklüfteten Landschaft gedeihen viele seltene Pflanzen. Auf den Höhenzügen liegt im Winter Schnee. Wer über genügend Zeit verfügt, sollte sich unbedingt die eine oder andere Wanderung gönnen, um den herben Gebirgscharakter dieser Landschaft zu erleben. Übernachtungsmöglichkeiten gibt es vor allem von Frühjahr bis Herbst ausreichend.

Start in Granada

Diese Route beginnt und endet in **Granada**. Auf der Flughafenautobahn und dann weiter auf der N 323 fahren wir südwärts bis nach **Béznar**, wo wir auf der C 333 nach **Lanjarón** abbiegen. Sein gutes Mineralwasser wird in ganz Andalusien und darüber hinaus vertrieben. Von hier geht es weiter bis nach **Orgiva**, wo wir die C 333 verlassen und auf die GR 421 wechseln. Sie führt uns durch ein wunderbares Bergpanorama via **Pampaneira** und **Pitres** bis nach **Trevélez**, dem höchstgelegenen Bergdorf der Iberischen Halbinsel.

Zur Sierra Nevada

Weiter geht die Fahrt über Juviles, Bérchules, Mecina Bombarón, Yegen und Válor bis nach **Laroles**, wo die Serpentinenstraße nordwärts zum **Puerto de la Ragua** ansteigt. Wir überqueren hier bei einer Höhe von 1993 m die Höhenzüge der Sierra Nevada und fahren auf der anderen Seite hinab nach **Lacalahorra** und dann über **Guadix** nach Granada zurück.

Von Málaga nach Sevilla – Impressionen andalusischer Landschaft

Charakteristik: Reise mit dem Zug; **Länge:** ca. 250 km; **Dauer:** ca. 3 Std.; **Auskunft:** z. B. in Málaga; **Karte:** → S. 116, C 18–S. 109, E 4

Für jemanden, der soeben mit dem Flugzeug in Málaga angekommen ist, vermittelt diese Bahnreise eine wundervolle atmosphärische Einstimmung in die abwechslungsreichen andalusischen Landschaften. Für die Fahrt mit dem Direktzug nach Sevilla verlässt der erste Zug Málaga morgens um 8.30 und erreicht Sevilla um 11.18 Uhr. Wer von Málaga aus Sevilla mit dem Zug besuchen und anschließend nach Málaga zurückkehren möchte, sollte mindestens eine Übernachtung in Sevilla einplanen.

Von der Schlucht zur Ebene

Die Fahrt führt zunächst durch das fruchtbare Tal des **Río Guadalhorce** an Cártama, Pizarra und Álora vorbei, ehe der Zug die beeindruckende Schlucht **Garganta del Chorro** durchquert. Hier sichert der weitläufige Stausee **Guadalteba-Guadalhorce** die Verfügbarkeit des Wassers über das gesamte Jahr. Hat der Zug den Stausee passiert, erreichen wir den Verkehrsknotenpunkt **Bobadilla**. Von nun an fahren wir durch eine weite Landschaft auf die Grenze zur Provinz Sevilla zu. Links glitzert die **Laguna de la Fuente de Piedra**, dann sieht man zu beiden Seiten der Strecke mehr und mehr Olivenplantagen. Auffallend sind während der gesamten Route die unterschiedlich gefärbten Böden.

Metropole Osuna

Schließlich erreichen wir **Osuna**, eine Metropole der Olivenölherstellung im Osten der Provinz Sevilla. Weiter geht es nun nach Westen durch eine flache, landwirtschaftlich genutzte Landschaft – an Marchena, El Arahal, Utrera vorbei. In der Ferne erkennt man bereits die Vorstädte von **Sevilla**. Wenig später sind wir am Ziel.

Im Osten der Provinz Sevilla liegen weitläufige Olivenhaine.

Mit dem Rad von Vélez-Rubio nach Galera – Stille Fahrten durch ein weites Land

Charakteristik: Ausflug mit dem Fahrrad; **Länge:** 100 km (hin und zurück); **Dauer:** 1 Tag; **Einkehrmöglichkeiten:** in María und Orce; **Auskunft:** in Vélez-Rubio; **Karte:** ⟶ S. 112/113, CD 12–S. 112, B 11

Dies ist eine Tour mit mittlerem Schwierigkeitsgrad. Los geht's im gebirgigen Norden der Provinz Almería, genauer: in der Ortschaft **Vélez-Rubio** (Autobahnanschluss), die am Rande des Naturparks **Sierra de María-Los Vélez** liegt. Von Vélez-Rubio aus erreichen wir auf einer ansteigenden Straße (ca. 10 Prozent) – links die Ruinen von Wassermühlen und das Felsenmassiv der Sierra de María – allmählich die Nachbarortschaft **Vélez-Blanco.** Die Steigung lässt jetzt merklich nach. Rechts ein weiter Blick in die fruchtbare Vega von Vélez-Blanco.

Renaissance-Castillo von Vélez-Blanco

Die Straße führt nun am Renaissance-Castillo von Vélez-Blanco vorbei, das unbedingt einen Besuch lohnt. Auch der Ort selbst ist sehenswert mit schönen restaurierten Häusern und Brunnen.

Zur Sierra de María

Wir fahren nun auf die Ortschaft **María** zu. Unterwegs sehen wir rechts den markanten Tafelberg **Muela Grande,** links die aufgeforsteten Hänge der **Sierra de María.** Etwa 2 km außerhalb von María erkennt man rechts auf einem Hügel das Informationszentrum des Naturparks Sierra de María-Los Vélez. Wir radeln weiter geradeaus.

In der Ebene von Granada

Wir erreichen eine sehr weite, flache Ebene, die an Landschaften in Kastilien erinnert. Es geht immer geradeaus an **Casablanca** und **Játar** vorbei: Wir sind längst in der Provinz Granada und erreichen **Orce,** wenig später auch Galera, wo es Höhlenwohnungen gibt, die vermietet werden.

Das Castillo von Vélez-Blanco ist das berühmteste Monument der gepflegten Ortschaft.

Wissenswertes über Andalusien

Wie in der Calle Sierpes in Sevilla (→ S. 43) laden überall in Andalusien Straßencafés zu Müßiggang und Geplauder ein.

Von Anreisemöglichkeiten über Einkaufstipps und Festkalender bis zu Internetadressen und Zollmodalitäten: alles Wissenswerte hier auf einen Blick.

Jahreszahlen und Fakten im Überblick

1100 v. Chr.
Phönizische Siedlungen längs der andalusischen Küste. Gründung von Gadir (Cádiz) und Malaka (Málaga).

206 v. Chr.
Nach dem Zweiten Punischen Krieg besetzen die Römer Südspanien. Publius Cornelius Scipio gründet die Veteranenkolonie Itálica bei Sevilla.

450 bis 711
Herrschaft der Westgoten mit Toledo als Hauptstadt.

711
Der arabische Feldherr Tarik Ibn-Sijad (Ziyad) überquert aus Nordafrika kommend die Straße von Gibraltar und erobert Schritt für Schritt weite Teile Südspaniens. Beginn der maurischen Herrschaft in Spanien. Al-Andalus nennen die Mauren die eroberten Gebiete.

756
Gründung des unabhängigen Emirats von Córdoba durch Abd ar-Rahman I.

929–1031
Kalifat von Córdoba. Höhepunkt und Blütezeit der maurischen Kultur. Nach 1031 zerfällt das Kalifat in Teilreiche und zeigt die ersten Dekadenzerscheinungen.

1212
Schlacht bei Las Navas de Tolosa. Die christlichen Heere gewinnen eine wichtige Schlacht gegen die Mauren. Fortsetzung der Reconquista (Zurückdrängung der Mauren), in die Hände der Christen fallen Córdoba 1236, Jaén 1246, Sevilla 1248 und Cádiz 1264.

1300–1400
Blütezeit Granadas. Bau der Alhambra.

1492
Kapitulation Granadas. Das Ende der Maurenherrschaft in Spanien.

1503
Sevilla wird Sitz der für den Handel mit den spanischen Überseebesitzungen zuständigen Kammer. Die Stadt erlebt eine wirtschaftliche Blüte.

1609
Alle zwangsgetauften Mauren (Morisken) und Juden, die im Land geblieben waren, werden aus Spanien vertrieben.

1704
Im sogenannten Spanischen Erbfolgekrieg wird Gibraltar von den Briten erobert.

1713
Der Friede von Utrecht besiegelt das faktische Ende des spanischen Weltreiches. Gibraltar wird den Briten zugesprochen.

1805
In der berühmten Seeschlacht nahe dem Cabo de Trafalgar (heute Provinz Cádiz) besiegt die britische Flotte unter Admiral Nelson die vereinigte französisch-spanische Flotte.

1808–1814
Die Truppen Napoleons besetzen weite Teile Spaniens. Nur Cádiz wird nicht erobert.

1812
In Cádiz wird von den geflohenen Parlamentariern der Nationalversammlung eine liberale Verfassung, die erste Verfassung Spaniens, verabschiedet.

1834–1850
Durch die Karlistenkriege verliert Spanien den Anschluss an die not-

wendige Industrialisierung des Landes. Die ökonomische Lage Andalusiens verschlechtert sich dramatisch.

1873–1874
Erste Spanische Republik.

1923–1930
Militärdiktatur des Generals Primo de Rivera.

1931
König Alfonso XIII dankt ab. Beginn der Zweiten Spanischen Republik.

1936
Die Volksfront, das Bündnis der Linksparteien, siegt bei den Parlamentswahlen.

1936–1939
Militärrevolte unter Führung des Generals Francisco Franco. Beginn des Spanischen Bürgerkrieges, bei dem weite Teile des östlichen Andalusiens die Republikaner unterstützen, während im Westen Andalusiens die Nationalisten dominieren.

1939–1975
Franco-Diktatur in ganz Spanien. Autonome Bewegungen und grundlegende demokratische Rechte werden unterdrückt.

1954
In Marbella wird der legendäre »Marbella Club« eröffnet. Allmählich entwickelt sich die Costa del Sol zum viel besuchten Touristengebiet, das bis heute sehr beliebt ist.

1969
Der Coto den Doñana wird zum Nationalpark erklärt und avanciert zum größten Naturschutzgebiet Europas.

1975
Nach dem Tod Francos wird Juan Carlos König von Spanien. Er fördert auf umsichtige Weise die Demokratisierung.

1977
Die ersten freien Parlamentswahlen werden abgehalten.

1981
Andalusien erhält ein eigenes Autonomiestatut.

1982
Aufnahme Spaniens in die NATO. Die sozialistische Partei PSOE gewinnt die Wahlen. Felipe González wird Ministerpräsident.

1986
Spanien wird Mitglied der Europäischen Gemeinschaft (EG). In der Folgezeit beleben die finanziellen Zuwendungen aus Brüssel vor allem die andalusische Landwirtschaft.

1992
Anlässlich der 500-Jahr-Feier der Entdeckung Amerikas durch Kolumbus findet die Weltausstellung (EXPO) in der andalusischen Hauptstadt Sevilla statt.

1998
Veranstaltungen und Ausstellungen in Erinnerung an den 100. Geburtstag des andalusischen Schriftstellers Federico García Lorca.

1998/1999
Die Sierra Nevada in der Provinz Granada wird zum Nationalpark erklärt. Er umfasst 86 208 ha und ist damit der größte Nationalpark Spaniens.

2003
In Málaga, der Geburtsstadt des Künstlers, eröffnet das neue Picasso-Museum im Palacio Buenavista und das Centro de Arte Contemporáneo für zeitgenössische Kunst im ehemaligen Großmarkt.

2004
Abermals gewinnt die sozialistische Partei PSOE die Regionalwahlen in Andalusien.

Nie wieder sprachlos

Aussprache

c	vor dunklen Vokalen wie k (como), vor hellen Vokalen wie engl. th (gracias)
ch	wie tsch (ocho)
h	wird nicht gesprochen
j	wie ch (jueves)
ll	wie j (calle)
ñ	wie nj (mañana)
qu	wie k (quisiera)
s	wie ss (casa)
y	wie j (hoy)
z	wie engl. th (diez)

Wichtige Wörter

ja	*sí [si]*
nein	*no [no]*
danke	*gracias [grassias]*
Wie bitte?	*¿cómo? [komo]*
Ich verstehe nicht.	*No entiendo. [no entjiendo]*
Entschuldigung	*con permiso, perdón [kon permisso, perdon]*
Hallo	*hola [ola]*
Guten Morgen	*buenos días [buenos dijas]*
Guten Tag	*buenas tardes [buenas tardes]*
Guten Abend	*buenas noches [buenas notsches]*
Auf Wiedersehen	*adiós [adijos]*
Ich heiße ...	*Me llamo ... [mee jamo]*
Ich komme aus ...	*Yo soy de ... [jo soij dee]*
- Deutschland	*- Alemania [Alemanja]*
- Österreich	*- Austria [Austrija]*
- der Schweiz	*- Suiza [Suissa]*
Wie geht's?/ Wie geht es Ihnen?	*¿Qué tal?/¿Cómo está? [ke tal/ komo esta]*
Danke, gut.	*Bien, gracias. [bjän, grassias]*
wer, was, welcher	*quien, que, cual [kjien, ke, kual]*
wann	*cuando [kuando]*
wie lange	*cuanto tiempo [kuanto tijempo]*
Sprechen Sie deutsch/ englisch?	*¿Habla alemán/ inglés? [abla aleman/ingles]*
heute	*hoy [oij]*
morgen	*mañana [manjana]*
gestern	*ayer [ajer]*

Zahlen

eins	*uno [uno]*
zwei	*dos [dos]*
drei	*tres [tres]*
vier	*cuatro [kuatro]*
fünf	*cinco [sinko]*
sechs	*seis [seijs]*
sieben	*siete [siete]*
acht	*ocho [otscho]*
neun	*nueve [nuebe]*
zehn	*diez [dies]*
einhundert	*cien [sjen]*
eintausend	*mil [mil]*

Wochentage

Montag	*lunes [lunes]*
Dienstag	*martes [martes]*
Mittwoch	*miércoles [miärkoles]*
Donnerstag	*jueves [chuebes]*
Freitag	*viernes [bijernes]*
Samstag	*sábado [sabado]*
Sonntag	*domingo [domingo]*

Unterwegs

rechts	*a la derecha [a la deeretscha]*
links	*a la izquierda [a la iskierda]*
geradeaus	*recto [rekto]*
Wie weit ist es nach ...?	*¿Cuánto tiempo dura el viaje hasta ...? [kuanto tijempo dura el biache asta]*
Wie kommt man nach ...?	*¿Por dónde se va a ...? [por donde se ba a]*
Wo ist ...	*¿Dónde está ... [donde esta]*

- die nächste Werkstatt?	*- el próximo taller? [el proximo tajär]*
- der Bahnhof?	*- la estación de tren? [la estassijon dee tren]*
- der Flughafen?	*- el aeropuerto? [el aäropuerto]*
- die Touristen-information?	*- la información turística? [la informassion turistika]*
- die nächste Bank?	*- el próximo banco? [el proximo banko]*
- die nächste Tankstelle?	*- la próxima gasolinera? [la proxima gasolinera]*
Bitte voll tanken!	*¡Lleno, por favor! [jeno por fabor]*
Wir hatten einen Unfall.	*Tuvimos un accidente. [tubimos un axidente]*
Wo finde ich ...	*¿Dónde encuentro... [donde enkuentro]*
- einen Arzt?	*- un medico? [un mediko]*
- eine Apotheke?	*- una farmacia? [una farmassia]*
Eine Fahrkarte nach ... bitte!	*¡Quisiera un pasaje a ..., por favor! [visitera un pasache a ..., por fabor]*

Übernachten

Ich suche ein Hotel.	*Busco un hotel. [busko un otel]*
Ich suche ein Zimmer für ... Personen.	*¿Tiene usted una habitación para ... personas? [tijene ustet una abitassion para ... personas]*
Haben Sie noch Zimmer frei ...	*¿Hay habitaciones libres ... [aij abitassiones libres]*
- für eine Nacht?	*- para una noche? [para una notsche]*
Ich habe ein Zimmer reserviert.	*Reservé una habitación. [reservee una abitassion]*
Wie viel kostet das Zimmer ...	*¿Cuánto vale la habitación ... [kuanto bale la abitassion]*
- mit Frühstück?	*- con desayuno incluido? [kon dessajuno inkluido]*
Ich nehme das Zimmer.	*Quiero la habitación. [kijero la abitassion]*
Kann ich mit Kreditkarte zahlen?	*¿Puedo pagar con tarjeta de crédito? [puedo pagar kon tarcheta de kredito]*
Ich möchte mich beschweren.	*Me quiero quejar. [mee kijero kechar]*
funktioniert nicht	*No funcciona. [no funxiona]*

Essen und Trinken

Die Speisekarte bitte!	*El menu, ¡por favor! [el menu por fabor]*
Die Rechnung bitte!	*La cuenta, ¡por favor! [la kuenta por fabor]*
Ich hätte gern ...	*Quisiera ..., ¡por favor! [kisijera... por fabor]*
Kellner/-in	*camarero/camarera [kamarero/kamarera]*
Mittagessen	*almuerzo [almuersso]*
Abendessen	*cena [sena]*
Ich möchte kein(en) Fleisch/Fisch.	*No quiero carne/pescado. [no kijero karne/peskado]*

Einkaufen

Wo gibt es ...?	*¿Dónde hay ...? [donde aij]*
Haben Sie ...?	*¿Hay ...? [aij]*
Wie viel kostet ...?	*¿Cuánto vale ...? [kuanto bale]*
Das ist zu teuer.	*Es demasiado caro. [es demasiado karo]*
Ich nehme es.	*Me lo llevo. [mee lo jevo]*
geöffnet/geschlossen	*abierto/cerrado [abijerto/serado]*
Bäckerei	*panadería [panaderija]*
Metzgerei	*carnicería [karnisserija]*

Die wichtigsten kulinarischen Begriffe

A
aceite: Öl
aceituna: Olive
acelgas: Mangold
agua: Wasser
– *con (sin) gas:* Wasser mit (ohne) Kohlensäure
– *mineral:* Mineralwasser
aguacate: Avocado
aguardiente: Branntwein, Schnaps
ahumado: geräuchert
ajo: Knoblauch
albaricoque: Aprikose
albóndiga: Frikadelle, Bulette
alcachofa: Artischocke
almeja: Miesmuschel
almendra: Mandel
anchoas: Anchovis
apio: Sellerie
arroz: Reis
asado: Braten
atún: Thunfisch
aves: Geflügel
azúcar: Zucker

B
bacalao: Kabeljau, Stockfisch
barquillos: Waffeln
bebida: Getränk
bisté, bistec: Beefsteak
bocadillo: Sandwich
brocheta: Spieß
buey: Rind, Ochse

C
cacahuetes: Erdnüsse
café con leche: Milchkaffee
– *cortado:* Kaffee mit wenig Milch
– *solo:* schwarzer Kaffee
calabaza: Kürbis
caldo: Fleischbrühe
cangrejo: Krebs
capón: Kapaun
carne: Fleisch
cazuela: Fischteller, Kasserolle
cebollas: Zwiebeln
cerdo: Schweinefleisch
cerveza: Bier
– *oscura:* dunkel
– *rubia:* hell (»blond«)
chicharrón: gebratene Schweinekruste
chorizo: rote Paprikawurst
chuleta: Kotelett
chuletón: großes Kotelett
churro: in Öl ausgebackenes Spritzgebäck
ciruelas: Pflaumen
cocido: Eintopf mit Fleisch, Kichererbsen und Kartoffeln
coliflor: Blumenkohl

D
dátiles: Datteln
dorada: Goldbrasse
dulces: Süßigkeiten

E
ensalada: Salat
– *variada:* gemischter Salat
escalopa: Schnitzel
espárrago: Spargel
– *triguero:* (wilder) grüner Spargel
estofado: Schmorbraten

F
fino: trockener Sherry
fresa: Erdbeere
frito: gebacken
fruta: Obst
frutas del mar: Meerestiere

G
garbanzos: Kichererbsen
gazpacho: kalte Gemüsesuppe
guisado: Schmorfleisch
– *picante:* Ragout
guisante: Erbse

H
helado: Speiseeis
hielo: Eis, Eisstück
hígado: Leber
huevo: Ei
– *revueltos:* Rührei

J
jabalí: Wildschwein

jamón: Schinken
judías: Bohnen

L
leche: Milch
lechuga: Kopfsalat
lengua: Zunge
lenguado: Seezunge
lenteja: Linse
liebre: Hase
lomo: Lendenstück

M
manteca: Fett
mantequilla: Butter
manzana: Apfel
mariscos: Meeresfrüchte, Muscheln
melocotón: Pfirsich
membrillo: Quitte
merengue: Schaumgebäck, Baiser
mermelada: Marmelade
morcilla: Blutwurst

N
naranja: Orange
nata: Sahne
nuez: Walnuss

O
olla: gekochter Eintopf
ostras: Austern

P
paella: Reisgericht
pan: Brot
patatas: Kartoffeln
– fritas: Bratkartoffeln
pasas: Rosinen
pastel: Kuchen, Torte
– de patatas: Kartoffelpuffer
pato: Ente
pecho: Brust
pechuga: Geflügelbrust
pepino: Gurke
pera: Birne
perdiz: Rebhuhn bzw. Rothuhn
perejil: Petersilie
pescado: Fisch
pez espada: Schwertfisch
picadillo: Hackfleischgericht
pimienta: Pfeffer
puchero: Eintopf

Q
queso: Käse
quisquilla: Krabbe

R
ración: »doppelte« Tapa
repollo: Weißkohl
riñones: Nieren
romero: Rosmarin

S
sal: Salz
salchicha: Würstchen
salchichón: eine Art Salami
salsa: Sauce
sandía: Wassermelone
sangría: kalte Bowle aus Rotwein, Wasser, Zucker, Früchten
sardina: Sardine
seta: Pilz
solomillo: Filet
sopa: Suppe mit Einlagen
– de verduras: Gemüsesuppe

T
tapa: Appetithäppchen
tarta: gefüllte Torte
ternera: Kalb, Kalbfleisch
tiburón: Haifisch
tocino: Speck
tomillo: Thymian
tortilla francesa: Omelett
– española: Omelett mit Kartoffeln
trigo: Weizen
trucha: Forelle
turrón: Mandelgebäck

U
uva: Weintraube

V
venado: Hirsch
vinagre: Essig
vino: Wein
– blanco: Weißwein
– del país: Landwein
– rosado: Roséwein
– tinto: Rotwein

Z
zanahoria: Mohrrübe
zumo (de frutas): Fruchtnektar

Nützliche Adressen und Reiseservice

Auf einen Blick

Einwohnerzahl: 7,35 Mio. Menschen, also 84 Einwohner pro qkm

Fläche: Mit 87 268 qkm ist Andalusien nach Castilla y León die zweitgrößte der insgesamt 17 Autonomen Gemeinschaften Spaniens

Religion: römisch-katholischer Glaube

Sprache: Spanisch (Castellano) mit einem mehr oder weniger ausgeprägten andalusischen Dialekt

Verwaltungseinheiten: Die Region ist in acht Provinzen aufgeteilt: Almería, Cádiz, Córdoba, Granada, Huelva, Jaén, Málaga und Sevilla. Die Stadt Sevilla ist Metropole und Verwaltungszentrale der gesamten Region.

Wirtschaft: Tourismus (Küstenregionen) und Landwirtschaft (Huelva, Sevilla, Granada, Almería), weltweit bedeutendste Herstellung von Olivenöl; umfangreicher Export von Obst und Gemüse

Anreise

Mit dem Auto

Überlegen Sie, ob Sie sich die lange Fahrt mit dem Auto zumuten wollen. Je nach Abfahrtsort in Deutschland sind rund 2500 km zu bewältigen. Die gesamte Strecke bis nach Andalusien führt zwar inzwischen über gut ausgebaute Autobahnen, aber gerade im Hochsommer gerät die Anreise per Auto wegen der brütenden Hitze zu einer gehörigen Belastung für Kondition und Nerven. Ab dem Südwesten Deutschlands verläuft die Autoroute über Dijon–Lyon–Avignon–Montpellier und Perpignan bis zur französisch-spanischen Grenze. Von dort geht es weiter parallel zur Küste an Barcelona, Valencia, Alicante und Murcia vorbei, ehe Sie die andalusische Provinz Almería erreichen. Hier teilt sich die Autobahn, die eine führt Richtung Granada und Sevilla, die andere Richtung Almería-Stadt und dann weiter Richtung Málaga/Costa del Sol. Auf der Fahrt von Deutschland nach Andalusien sollten Sie mindestens zwei Übernachtungen einkalkulieren.

Von Österreich aus erfolgt die Anreise mit dem PKW beispielsweise auf der Autobahn über München–Stuttgart–Karlsruhe–Mulhouse–Dijon und dann südwärts. Aus der Nordschweiz ist die Autobahn Basel–Mulhouse–Dijon zu empfehlen. Eine andere Route führt von der Südschweiz über Genf–Grenoble–Valence auf die französische Autobahn, die südwärts Richtung Spanien verläuft.

Mit dem Flugzeug

Die Anreise mit dem Charterflugzeug dauert je nach Abflugort in Deutschland zwischen zwei und drei Stunden. Es ist die bequemste und zügigste Reisemöglichkeit nach Andalusien. Die großen Chartergesellschaften fliegen vor allem Málaga und Almería, zum Teil auch Jerez de la Frontera, Sevilla oder Granada an. Die Preise für Charterflüge nach Andalusien bewegen sich zwischen ca. 200 und ca. 300 €. Es gibt auch Linienflüge nach Almería, Málaga und Jerez de la Frontera. Linienflüge mit der spanischen Gesellschaft IBERIA führen in der Regel über Madrid oder Barcelona.

Flughafen Málaga
Tel. 952048484
IBERIA Tel. 952136166
Aviaco Tel. 952230863
Airport Services (Condor etc.)
Tel. 952048216/-17
Lufthansa Tel. 952048204
TUI, Torremolinos Tel. 952383370
LTU-Agentur in Almería
Viajes Rossell, Tel. 950333001/-02,
Fax 950333007

Günstige Andalusien-Flüge u. a. bei:
www.airberlin.com, www.tuifly.com, www.germanwings.com, www.ryanair.com, www.clickair.com oder www.easyJet.com

Mit dem Zug
Eine anstrengende und langwierige Anreise. Züge verkehren von Deutschland aus durch Frankreich bis nach Madrid. Ab hier gibt es Anschlussverbindungen zu allen andalusischen Hauptstädten. Der seit 1992 bestehende Hochgeschwindigkeitszug AVE bringt Reisende in rund 2,5 Std. auf komfortable Weise von Madrid nach Sevilla (und Córdoba). Vertretung der Spanischen Eisenbahnen in Deutschland:
Ibero Tours Düsseldorf
Immermannstr. 23, 40210 Düsseldorf; Tel. 02 11/8 64 15 21, Fax 8 64 15 29

Auskunft

Spanische Fremdenverkehrsämter
In der Bundesrepublik Deutschland
- **Kurfürstendamm 180, 10707 Berlin; Tel. 0 30/8 82 65 43, Fax 8 82 66 61**
- **Grafenberger Allee 100 (Kutscherhaus), 40237 Düsseldorf; Tel. 02 11/6 80 39 80 und 6 80 39 81 Fax 6 80 39 85**
- **Myliusstr. 14, 60323 Frankfurt; Tel. 0 69/72 50 33 und 72 50 38 Fax 72 53 13; Tel. 0 61 23/9 91 34, Fax 9 91 51 34 (Prospekte, keine Auskunft)**
- **Schubertstr. 10, 80336 München; Tel. 0 89/5 38 90 75 und 5 38 90 76 Fax 5 32 86 80**

In der Schweiz
- **Seefeldstr. 19, 8008 Zürich; Tel. 0 44/2 53 60 50, Fax 2 52 62 04**
- **15, rue Ami-Lévrier, 2a, 1201 Genf; Tel. 0 22/7 31 11 33, Fax 7 31 13 66**

In Österreich
- **Mahlerstr. 7, 1010 Wien; Tel. 01/5 12 95 80, Fax 5 12 95 81**

In Andalusien
Die Fremdenverkehrsbüros sind in den einzelnen Orten im Kapitel »Unterwegs in Andalusien« angegeben.

Bevölkerung

In der spanischen Region Andalusien leben derzeit knapp 7,35 Mio. Menschen. Andalusien ist damit die bevölkerungsreichste Region Spaniens, gefolgt von Katalonien (6,34 Mio.) und Madrid (5,42 Mio.). Rund 700 000 Andalusier leben in der Metropole Sevilla. Einwohnerreichste Provinz ist Sevilla, gefolgt von den Provinzen Málaga, Cádiz, Granada, Córdoba, Jaén, Almería und Huelva. In der Provinz Sevilla leben rund 110 Einwohner pro qkm, in der Provinz Huelva 43.

Buchtipps

Der maurische Traum – Dimensionen der Sinnlichkeit in al-Andalus Wer sich für die vergangene kulinarische Kultur der Mauren interessiert, dem sei dieses von Peter Hilgard verfasste Buch (Verlag Winfried Jenior, 1997) empfohlen. Darin schildert der Autor kenntnisreich und amüsant den Umgang der Mauren mit Speisen und Getränken, Rausch- und Liebesdrogen, Düften, Kräutern und Gewürzen.

Andalusien. Literarische Reisebilder aus dem maurischen Spanien von Rolf Neuhaus und Jesús Serrano ist ein kompetentes und unterhaltsames Buch über Kultur und Alltag der Mauren in Andalusien (Klett-Cotta, 2001).

Chris Stewart beschreibt in **Unter den Zitronenbäumen**, wie sich ein britisches Aussteigerpaar einen Bauernhof in Andalusien kauft und dann dort mit der rauen Wirklichkeit konfrontiert wird. Mit viel Sinn für Humor und Eigenheiten der Andalusier geschrieben (Goldmann, 2001).

Diplomatische Vertretungen

Generalkonsulat der Bundesrepublik Deutschland
→ Umschlagkarte hinten, südl. c 6
29006 Málaga, Calle Mauricio Moro Pareto, 2–5 (Edificio Eurocom, Bloque Sur); Tel. 95 23 63 59 1, Fax 95 23 20 03 3; E-Mail: zreg@mala.auswaertiges-amt.de

Deutsches Konsulat
41013 Sevilla, Paseo de la Palmera, 19, 2 Edif. Winterthur; Tel. 95 42 30 20 4 und 95 42 30 26 2, Fax 95 42 39 55 2, E-Mail: consugerma.sevilla@telefonica.net

Österreichische Konsulate
– Calle Marqués de Paradas 26
→ Umschlagkarte hinten, b 3/b 4
41001 Sevilla; Tel. 9 54 22 21 62

– Calle Occidente s/n → S. 116, C 18
29630 Benalmádena Costa;
Tel. 9 52 44 39 52

Schweizer Konsulat
Calle Nuñez de Balboa 35, 28001 Madrid; Tel. 9 63 96 0

Feiertage

Neben den im Folgenden aufgeführten Feiertagen gibt es auch noch regionale oder nur auf Provinzebene geltende Feiertage. Auch während der **Fiestas** bleiben die meisten Ämter und Geschäfte geschlossen.

1. Januar	**Nuevo Año** (Neujahrsfest)
6. Januar	**Los Reyes** (Heilige Drei Könige)
28. Februar	**Día de Andalucía**
19. März	**San José** (Heiliger Josef). Feiertag nur in einigen Regionen, nicht in Andalusien
März/April	**Semana Santa** (Karwoche und Osterfest)
1. Mai	**Día del Trabajo** (Tag der Arbeit)
25. Juli	**Santiago Apóstol** (Heiliger Jakobus)
15. August	**Asunción** (Mariä Himmelfahrt)
12. Oktober	**Día de la Hispanidad** (Tag der Entdeckung Amerikas)
1. November	**Todos los Santos** (Allerheiligen)
6. Dezember	**Día de la Constitución** (Tag der spanischen Verfassung)
8. Dezember	**Inmaculada Concepción** (Mariä Empfängnis)
25. Dezember	**Navidad** (Weihnachten)

Geld

Rufnummer in Spanien bei Kreditkartenverlust:
VISA-Sparkassen, Euro- und Mastercard: Tel. 9 14 35 24 45
VISA-Banken: Tel. 9 14 02 26 00
Diners Club: Tel. 9 12 47 40 00
American Express: Tel. 9 14 59 90 09

Die **Banken** sind in der Regel Mo–Fr von 9–14, Sa von 9–13 Uhr geöffnet. Die meisten verfügen inzwischen über Geldautomaten (**Telebanco** bzw. **Cajeros Automáticos**), bei denen man rund um die Uhr per Kredit- oder Euroscheckkarte Geld abheben kann.

Internet-Adressen

Die meisten Angebote sind in Spanisch, teilweise jedoch auch in englischer Sprache:
Ganz Andalusien
www.andalucia.com und
www.andalucia.org

Nebenkosten (in Euro)

1 Tasse Kaffee	1,10
1 Bier	1,00
1 Glas Wein	0,80
1 Cola	1,30
1 Tapa	ab 0,80
1 Weißbrotstange	0,50
1 Schachtel Zigaretten	2,20
1 Liter Benzin	0,90
Mietwagen/Tag	ab 40,00

Stand: April 2007

Tourismus in Almería
www.diepalme.org (Informationen der Provinzregierung, darunter auch touristische Informationen)
Tourismus in Sevilla
www.sevilla.org und
www.turismosevilla.org
Tourismus in Cádiz
www.cadizturismo.com
Tourismus in Córdoba
www.turismodecordoba.org und
www.turiscordoba.es
Tourismus in Granada
www.granadatur.com
Tourismus in Jaén
www.promojaen.es und
www.aytojaen.es/turismo
Tourismus in Málaga
www.spa.es/turismo/spain/malaga

Medizinische Versorgung

Mitglieder einer gesetzlichen Kranken- oder Ersatzkasse sollten sich vor Antritt der Reise bei ihrer Versicherung das im EU-Bereich gültige Formblatt E 111 besorgen, das unbedingt vor (!) der Behandlung beim Arzt oder im Krankenhaus vorgelegt wird. Sinnvoll ist gegebenenfalls eine zusätzliche Auslandskrankenversicherung, weil bar bezahlte Arzt- oder Krankenhausrechnungen im Notfall nicht in jedem Fall von der heimischen Krankenkasse übernommen werden. Eine Zusatzversicherung ermöglicht die freie Arztwahl.

Wenden Sie sich an die Hoteldirektionen oder an die Repräsentanten des Reiseveranstalters, bei dem Sie gebucht haben, sollten Sie medizinische Hilfe benötigen. Dort ist man normalerweise gern mit Rat und Tat behilflich und vermittelt auch den Kontakt zu einem seriösen Markt. Apotheken (»farmacias«) sind normalerweise Mo–Fr 9–13 und 17–19 Uhr geöffnet, manchmal auch Sa von 9–13 Uhr. Man erkennt sie an dem grünen Kreuz auf weißem Grund. Ein Schild an der Tür gibt an, welche Apotheke in der Umgebung für den Notdienst zuständig ist.

Museen

In vielen Museen erhalten Besucher über 65 Jahren, die sich per Dokument mit Lichtbild ausweisen können, einen reduzierten oder gar freien Eintritt. In manchen Museen erhalten sogar nichtspanische EU-Bürger gegen Vorlage eines Ausweises eine Ermäßigung oder auch kostenlosen Eintritt.

Notruf

Tel. 091 und 092. Diese Spezialnummern haben sich auch durch die Reform der spanischen Telefonnummern im April 1998 nicht geändert.

Reisedokumente

Für Deutsche und andere Bürger aus EU-Staaten genügt bei einem Aufenthalt von bis zu drei Monaten der gültige Personalausweis oder Reisepass.

Reiseknigge

Unterschätzen Sie die Intensität der Sonne im spanischen Süden nicht. Gewöhnen Sie insbesondere im Sommer den Körper langsam an das gleißende Licht und die Hitze. Ohne geeigneten Sonnenschutz sollten Sie niemals zu Ausflügen aufbrechen.

Vor 13.30 Uhr sollten Sie mittags in einem Restaurant nicht zum Essen gehen; und entsprechend nicht vor 20.30 Uhr am Abend. Wer um 12 Uhr in einem Restaurant ein Mittagessen bestellen will, steht entweder vor verschlossener Tür oder wird noch nicht bedient. Ähnliches widerfährt jedem, der sich schon um 19 Uhr ein Abendessen genehmigen möchte.

Nehmen Sie zeitliche Verabredungen mit Andalusiern nicht zu wörtlich. Exakte Pünktlichkeit kommt selten vor. Stellen Sie sich darauf ein und nehmen Sie es auf keinen Fall krumm oder beschweren sich sogar, wenn die Person, mit der Sie verabredet sind, etwas verspätet kommt.

Besonders im Sommer ist eine ausgiebige Siesta sinnvoll und erholt

Ob Jung oder Alt: Die Tradition wird gepflegt.

die Kräfte. Nehmen Sie sich keinesfalls für die heißen Mittags- und Nachmittagsstunden ein anstrengendes Besichtigungsprogramm vor. Gönnen Sie sich eine Ruhepause im Schatten.

Viele Hotelzimmer sind unzureichend schall- und wärmeisoliert. Zu viel Lärm und zu große Hitze können den Schlaf erheblich beeinträchtigen. Achten Sie darauf, dass Sie ein Zimmer wählen, das über eine Klimaanlage verfügt und möglichst nicht an einer verkehrsreichen Straße liegt.

Reisewetter

Das Klima in den einzelnen andalusischen Gegenden ist höchst unterschiedlich. Bei Ausflügen in die Gebirgsregionen ist vor allem zwischen Herbst und Frühsommer mit kühlen Temperaturen und zugigen Winden zu rechnen. In Gebirgen wie der Sierra Nevada liegt normalerweise zwischen Februar und Mai Schnee. Nehmen Sie bei Ausflügen ins Hinterland stets wärmende Kleidung und im Hochsommer einen Sonnenschutz mit. An einigen besonders geschützten Stränden der andalusischen Mittelmeerküste ist nicht selten das Baden an windstillen Tagen auch im Winter möglich. Viel Wind, gelegentlich auch Regen sind hier in den Wintermonaten üblich.

Rundfunk

Ein umfassendes Unterhaltungs- und Informationsprogramm (Empfang im Kurzwellenbereich) sendet die Deutsche Welle. Informationen über Frequenzen und Sendezeiten: Deutsche Welle, www.dw-word.de

Sprache

Die offizielle Landessprache ist Spanisch bzw. Kastilisch (**Castellano**). In der Region Andalusien wird Spanisch meist mit einem ausgeprägten Akzent gesprochen, bei dem nicht selten Silben am Wortende »verschluckt« oder zusammengezogen werden. Überdies sprechen die Andalusier oft recht schnell. In den bedeutenden touristischen Zentren an der Küste versteht man aber auch Deutsch und Englisch.

Telefon

Telefonieren aus dem Hotelzimmer ist bequem, aber teuer. Preiswerter telefoniert man in den öffentlichen

Münzfernsprechern oder in den speziellen Telefonkabinen der Gesellschaft **Telefónica**. Werktags nach 22 Uhr, Sa ab 14 Uhr und So und an Feiertagen ist das Telefonieren deutlich billiger.

Telefonnummern von Teilnehmern in der Provinz Almería beginnen stets mit 9 50 (plus Rufnummer), in Córdoba mit 9 57, in Granada mit 9 58, in Huelva mit 9 59, in Jaén mit 9 53 und in Málaga und Sevilla mit 95.

Spanische Nummern von Mobiltelefonen beginnen normalerweise mit der Ziffer 6.

Anrufe nach Spanien: Landesvorwahl 00 34, danach die vollständige, mit der Ziffer 9 beginnende Rufnummer.

Anrufe aus Spanien: Vorwahl Ausland 00, danach Landesvorwahl (Bundesrepublik Deutschland 49, Österreich 43, Schweiz 41) wählen, dann die Ortsvorwahl ohne die 0 und schließlich die Rufnummer hinzufügen.

Trinkgeld

Ein Trinkgeld (»propina«) ist üblich bei besonders zufriedenstellenden Leistungen in Restaurants, Hotels (Zimmerservice) oder Bars sowie für Taxifahrer, Reiseleiter, Dolmetscher, Bergführer, Gepäckträger etc. Die angemessene Höhe liegt etwa zwischen 5 und 10 % des Gesamtbetrages.

Verkehrsverbindungen

Autofahren in Andalusien

Die großen Städte Andalusiens sind inzwischen durch moderne, gut ausgebaute Autobahnen miteinander verbunden. Bis auf wenige Ausnahmen können sie gebührenfrei befahren werden. Das andalusische Straßennetz ist in den letzten Jahren erheblich verbessert worden. Vom Autofahren in den großen Städten Andalusiens sollten Sie möglichst absehen.

Leihwagen

Die Zahl der Autovermietungen in den großen Städten, Touristenzentren und an allen Flughäfen ist erheblich. Empfehlenswert ist der Abschluss einer Vollkasko-Versicherung. Sinnvoll ist es zudem, die Konditionen des Mietvertrages zu überprüfen und auch sicherzustellen, dass der Leihwagen über einen Verbandskasten und ein Warndreieck verfügt.

Entfernungen (in km) zwischen wichtigen Orten in Andalusien

	Almería	Cádiz	Córdoba	Granada	Huelva	Jaén	Jerez de la Frontera	Málaga	Sevilla	Tarifa
Almería	–	480	334	168	510	262	440	205	418	360
Cádiz	480	–	232	295	215	377	36	256	123	100
Córdoba	334	232	–	166	234	105	200	170	143	325
Granada	168	295	166	–	341	94	263	125	250	270
Huelva	510	215	234	341	–	340	180	306	94	295
Jaén	262	377	105	94	340	–	360	255	248	365
Jerez de la Frontera	440	36	200	263	180	360	–	235	90	119
Málaga	205	256	170	125	306	255	235	–	212	153
Sevilla	418	123	143	250	94	248	90	212	–	205
Tarifa	360	100	325	270	295	365	119	153	205	–

Öffentliche Verkehrsmittel

Die **Busverbindungen** vor allem zwischen den andalusischen Provinzhauptstädten sind recht gut. Die Preise für Fahrten mit Linienbussen sind angenehm günstig. Sonntags und an Feiertagen sind die Busverbindungen eingeschränkt. Wer es eilig hat, sollte nach den speziellen Express-Bussen fragen, die unterwegs kaum oder gar nicht halten. Weit weniger gut entwickelt als das Netz der Linienbusse ist das der **Zugverbindungen**. Dies gilt vor allem für den Osten und Süden Andalusiens. Einige Zugrouten führen durch spektakuläre Landschaften und bieten wundervolle Ausblicke auf Gebirge und weite Ebenen. Man darf es nicht eilig haben, sonst macht Zugfahren in Andalusien keinen Spaß. Stilvoll und komfortabel lernt man Andalusien vom Hotelzug **Al Andalus Expreso** aus kennen. Er verkehrt zwischen März und November auf der Route Sevilla–Córdoba–Granada–Loja–Antequera–Ronda–Sevilla.

Infos und Buchung für die Fahrt mit dem Al Andalus Expreso bei:

IBERO TOURS GmbH
Immermannstr. 23, 40212 Düsseldorf;
Tel. 02 11/8 64 15 21, Fax 8 64 15 29
oder bei
DER Tour Frankfurt
Tel. 0 69/95 88 33 55, Fax 95 88 33 99
Informationen auch unter
www.andalusexpreso.com

Taxis

Die Beförderungspreise sind relativ niedrig. Für Fahrten zum Flughafen bzw. für Nacht- und Sonntagsfahrten sowie für die Beförderung von Koffern werden Zuschläge erhoben. Für Tagestouren oder längere Strecken kann in der Regel ein Sonderpreis ausgehandelt werden. In den andalusischen Städten ist die Beförderung per Taxi gewöhnlich die komfortabelste und schnellste Art, um ins Hotel, in ein Museum oder in ein Restaurant zu gelangen.

Wirtschaft

Die Region Andalusien gehört zu den weniger entwickelten Gebieten Spaniens. Das Pro-Kopf-Einkommen liegt hier ca. ein Viertel unter dem Landesdurchschnitt. Innerhalb Andalusiens ist das Wohlstandsgefälle sehr unterschiedlich ausgeprägt. Haupterwerbsquellen sind Tourismus und Landwirtschaft. In den touristischen Zentren (also zumeist in den Küstenregionen) ist der Lebensstandard in den letzten 30 Jahren rapide gestiegen. Neben den Pauschaltouristen belebt auch das Kapital jener Nordeuropäer, die sich auf Dauer an der Costa del Sol niedergelassen haben, die andalusische Wirtschaft.

Auch dort, wo landwirtschaftliche Produktion (Olivenöl, Frühgemüse, Spargel, Erdbeeren, Salat, Obst, Weinbau) in großem Stil betrieben wird, ist ein Anstieg des Wohlstands unverkennbar. Wirtschaftlich schlecht geht es den entlegenen Bergregionen, wo die landwirtschaftliche Subsistenzwirtschaft oft kaum noch in der Lage ist, eine Großfamilie zu ernähren. Hier ist die Arbeitslosigkeit besonders hoch. Auch die andalusischen Fischer klagen über stark rückläufige Gewinne.

Zoll

Mit der Einführung des EU-Binnenmarktes 1993 sind die Zollkontrollen an den Binnengrenzen der EU entfallen, nicht jedoch etwaige Sicherheitskontrollen. Mengenmäßige Ein- und Ausfuhrbeschränkungen für Tabak, Alkohol etc. gibt es also innerhalb der EU nicht mehr. Es muss allerdings erkennbar sein, dass die mitgeführten Waren ausschließlich für den privaten Nutzen bestimmt sind. Sollten die Zollbehörden den Verdacht hegen, dass Sie mit Waren handeln wollen, können Sie zur Versteuerung der Waren herangezogen werden.

Weitere Auskünfte erhalten Sie unter www.zoll.de, www.bmf.gv.at/zoll und www.zoll.ch

Kartenatlas

Orientierung leicht gemacht: mit Planquadraten und allen Orten und Sehenswürdigkeiten.

Legende

Routen und Touren

- Die Weißen Dörfer (S. 88)
- Durch die Alpujarras (S. 89)
- Von Málaga nach Sevilla (S. 90)
- Von Vélez-Rubio nach Galera (S. 91)

Sehenswürdigkeiten

- MERIAN-TopTen
- MERIAN-Tipp
- Sehenswürdigkeit, öffentl. Gebäude
- Sehenswürdigkeit Kultur
- Sehenswürdigkeit Natur
- Kirche; Kloster
- Moschee
- Synagoge

Sehenswürdigkeiten ff.

- Schloss, Burg; Ruine
- Museum
- Leuchtturm
- Archäologische Stätte
- Höhle

Verkehr

- Autobahn
- Autobahnähnliche Straße
- Fernverkehrsstraße
- Hauptstraße
- Nebenstraße
- Unbefestigte Straße, Weg
- Fußgängerzone

Verkehr ff.

- Parkmöglichkeit
- Busbahnhof
- RENFE Bahnhof
- Flughafen

Sonstiges

- Information
- Theater
- Denkmal
- Markt
- Botschaft, Konsulat
- Strand
- Nationalpark
- Naturpark

A
B
C
1
2
3
4
R. Degebe
Montoito
S. Manços
Cheles
Alonchel
344
Reguengos de Monsaraz
Higuera de Vargas
Oriola
Mourao
Portel
Villanueva del Fresno
Río Guadiana
Oliva de la Frontera
Cuba
Vidigueira
Valencia de Mombuey
Amareleja
Moura
Encinasola
Beja
Baleizão
PORTUGAL
Parque Natural de la
712
Sierra de Adica
Picos de Aroche
Serpa
527
Rosal de la Frontera
A47
66
IP8
51
Aroche
Santa Iria
Cortegana
Ribera de Cobres
Río Chanza
613
Almonaster la Real
Valle de Acor
Valdelamusa
Montalvo
San Telmo
Paymogo
Cabezas Rubias
Río Malagón
Mértola
São João dos Caldeireiros
Calañas
Puebla de Guzmán
Embalse del Chanza
Río Oraque
Alosno
Ribera do Vascão
Villanueva de los Castillejos
Río Odiel
Alcoutim
Martim Longo
E. de Sancho
E. de las B
San Silvestre de Guzmán
San Bartolomé
Ribera de Odeleite
Río Guadiana
Gibraleón
Trigueros
18
Peralva
Villablanca
13
N 431
Cartaya
45
15
San Juan del Puerto
33
E1
IP1
Ayamonte
Lepe
HUELVA
Moguer
Vila Real de Santo António
Isla Cristina
El Portil
Palos de la Frontera
Tavira
Punta de San Antonio
Punta Umbría
Monasterio Sta. Maria de la Rábida
Parque Natural da Ria Formosa
Punta Umbría
Mazagón
A
B
C
Golfo de Cádiz

114

1
2
3
4
Extremadura
Villafranca de los Barros
Feria
Embalse de Guadajira
Zafra
Los Santos de Maimona
Río Guadajira
Arroyo
N 432
Sierra de Hornachos
Sierra del Pedroso
Retamal
Higuera de la Serena
951
848
Matachel
Río
Usagre
Balneario de Raposo
Valencia de las Torres
Maguilla
Peraleda de Zaucejo
Villagarcía de la Torre
793
Granja de Torrehermosa
Berlanga
Azuaga
Llerena
Fuente de Cantos
Río Ardila
E. de Valuengo
Bodonal de la Sierra
Segura de León
A66
35
Fuente del Arco
Río Sotillo
732
Monasterio
1104
Cumbres Mayores
Guadalcanal
Alanis
E. de el Pintado
Sierra de Aracena
Picos de Aroche
Embalse de Aracena
Río de Huelva
Gruta de las Maravillas
Santa Olalla del Cala
El Real de la Jara
Cazalla de la Sierra
Aracena
Parque
111
Campofrío
Zufre
Ribera de Cala
El Pedroso
Constantina
Sierra
A47
71
Río Odiel
Embalse de Cala
Río Viar
Nerva
Minas de Riotinto
El Ronquillo
E. de la Minilla
Castilblanco de los Arroyos
La Puebla de los Infantes
El Garrobo
Las Nieves
Villanueva del Río y Minas
Tocina
Lora del Río
Aznalcóllar
Alcalá del Río
Tinto
4 Römische Siedlung Itálica
La Rinconada
Santiponce
Sanlúcar la Mayor
472
A4
E5
Carmona
38
E 1
Bollullos del Condado
51
1 3 5 SEVILLA
20
El Viso del Alcor
Mairena del Alcor
Río
Pilas
Almonte
La Puebla del Río
Alcalá de Guadaira
26
A92
El Arahal
Dos Hermanas
Guadaira
Marchena
483
376
AP4
Utrera
El Rocío
La Puebla de Cazalla
D
115
E
N IV
0 15 km
© MERIAN-Kartographie
El Palmar de Troya
El Coronil
Morón de la Frontera
E. de Torre del Águila
Las Marismas
Parque

A
B
C
5
6
7
8
Cabeza del Buey
Monterrubio de la Serena
Zújar
Río Guadamatilla
Alamillo
Río
Belalcázar
Santa Eufemia
San Benito
848
Río
Peraleda de Zaucejo
Hinojosa del Duque
El Viso
Guadalm
Los
Granjuela
Villanueva del Duque
Pozoblanco
Conquista
Granja
Peñarroya-Pueblonuevo
Villanueva de Córdoba
Azuaga
E. de Sierra Boyera
Belmez
Río
Sierra Chimorra
Pedroches
732
Chimorra 960
Sierra de los Santos
895
S i e r r a
Villaharta
N 432
Obejo
E. de Guadalmellato
Villaviciosa de Córdoba
Guadiato
Alanis
Parque Natural de la Sierra Norte de Sevilla
Adamuz
109
Las Navas de la Concepción
E. de Bembézar
648
Sa. de Córdoba
Las Ermitas
San Jerónimo
Medina-Azahara
E 5
27
El Car
E. de la Breña
E. de Retortillo
CÓRDOBA
6
8
La Puebla de los Infantes
Posadas
Almodóvar del Río
Río
Guadalquivir
15
A4
Peñaflor
Río
Guadalmazán
Campina
Río
Lora del Río
Palma del Río
Fernán Núñez
N 432
62
Espejo
A45
37
La Campana
La Rambla
Nueva-Carteya
La Luisiana
Écija
Montilla
55
Santaella
A4
E 5
53
Doña Me
Fuentes de Andalucía
Río
Río Genil
Aguilar
Cobra
Parque Natural Sierra Subbet
Río
Río Blanco
Cabra
Los Arenales
364
Moriles
Puente-Genil
Corbones
Lucena
Marchena
El Rubio
Herrera
Embalse de Cordobilla
Arahal
45
Aguadulce
24
A92
Estepa
Río
Anzur
La Puebla de Cazalla
Osuna
Palenciana
44
Morón de la Frontera
116
Alameda
A45
40
Laguna de la Fuente
Los Llanos

D
E
F
5
6
7
8
N 322
A4
Granátula de Calatrava
Río
Jabalón
Almodóvar del Campo
Puertollano
Valdepeñas
Calzada de Calatrava
1067
Convento de Calatrava
Sta. Cruz de Mendela
Mestanza
E. de Montoro
Castilla La Mancha
74
Río Fresneda
San Lorenzo de Calatrava
Solana del Pino
58
Castellar de Santiago
1323
Madrona
Morena
Aldeaquemada
Estrella 1308
Azuel
E. de Jándula
Jándula
Guarrizas
Guadalén
La Carolina
Río
E. de Guadalén
Santuario de Virgen de la Cabeza
E. del Rumblar
21
E 5
Vilches
Navas de San Juan
Baños de la Encina
Arquillos
Río
Linares
Río
Villa
Marmolejo
Andújar
29
A4
Bailén
14
N 322
27
Sabiote
32
Parador de Úbeda
Úbeda
112
34
Villa del Río
34
Baeza
Torreperogil
Mengíbar
Río
Úbeda
E. de Doña Aldonza
Arjona
Guadalquivir
A44
Villargordo
Porcuna
Río
Villardompardo
Jódar
Torredelcampo
JAÉN
Torredonjimeno
20
Castillo de Sta. Catalina
Mancha Real
Martos
23
Sa. Mágina
Mágina 2163
Guadalbullón
Carchelejo
Alcaudete
Huelma
Luque
27
Valdepeñas de Jaén
Alicún
26
Guadahortuna
Priego de Córdoba
Alcalá la Real
E 902
Pedro-Martínez
57
N 432
Cubillas
Moreda
Iznalloz
Fonel
54
Moclín
A44
Benalúa de Guadix
Montefrío
Río
Zagra
Embalse de Cubillas
Tocón
117
Víznar
A92
42
0
15 km
© MERIAN-Kartographie
Guadix
A92
GRANADA
Churriana

A B C

Pozo de la Serna
Salinas de Pinilla
N 322
47
Villahermosa
Robledo
Embalse de la Cabezuela
Villanueva de los Infantes
Villanueva de la Fuente
Masegoso
Cózar
Peñascosa
9
1840
Torre de Juan Abad
Villapalacios
47
Castellar de Santiago
Villamanrique
Almenares 1797
Bogarra
Guadalmena
E. de Guadalmena
Calar del Mu
Génave
Guadalimar
Venta de los Santos
Río
Río
Parque Nat.
Yeste
La Muela 981
La Puerta de Segura
Orcera
de las
Río Segura
10
Beas de Segura
Navas
San Juan
Santisteban del Puerto
N 322
Yelmo 1808
Tragoncillo 1557
3 Sierras de
42
E. de Anchuricas
Río Guadalimar
Villanueva del Arzobispo
Embalse de Taibilla
Villacarrillo
Cazorla,
32
Blanquillo
E. de
Santiago de la Espada
111
el Tranco de Beas
1831
Sierra de Segura
Revolcadores 2001
Torre-perogil
E. de la Aldonza
Segura y Las Villas 3
Sierra de Cazorla
Sierra del Pozo
Tornajuelos 2133
Sierra de la Sagra
Puebla de Don Fadrique
La Iruela
Cazorla
11
Empanada 2105
Que Sada
Topares
E. de la Bolera
Huéscar
Parque Nat. Sierra de María
Huesa
Castril
Galera
Castilléjar
Pozo Alcón
Orce
María
Cueva de los Letreros
Hoya de
Alicún
Cuevas del Campo
1612
Chirivel
50
A91
Pedro-Martínez
E. de Negratín
Cúllar Baza
Baza
17
Sierra de las Estanc
12
Freila
A91
Baza
Oria
Fonelas
Caniles
Benalúa de Guadix
46
2271
Albox
Gor
Alcontar
Serón
Cantoria
Río Gallego
Río Almanzora
Guadix
A Charches
B
118
Macael
C
Calar Alto 2168
2080
A92

D
E
F
9
10
11
12
El Salobral
Pozo Cañada
Pétrola
Bonete
N 430
Almansa
Peñas
S. Pedro
Pozohondo
Tajo-Segura
A30
62
Embalse del Bayco
Montealegre del Castillo
Fuente-Alamo
Caudete
1051
Ontur
Tobarra
Yecla
N 344
91
Hellín
Fuente del Pino
Portichuelo
Embalse de Talave
Jumilla
Embalse del Cenajo
E. de Camarillas
29
Cancárix
Carche 1371
Casas del Puerto
el Pinós
Socovos
708
Calasparra
13
Cieza
1261
Sierra de la Pila
Moratalla
Fortuna
Embalse de Argos
A30
Caravaca de la Cruz
Cehegin
Archeña
Embalse de Santomera
E 15
A7
Molina de Segura
Mula
Bullas
mudama
Pliego
MURCIA
urcia
Alcantarilla
Parque Natural de la Sierra de Espuña
Sierra de Espuña
La Paca
Río Sangonera
Sucina
Embalse de Valdeinfierno
Alhama de Murcia
Carrascoy 1066
Gañuelas
Corvera
Balsicas
Aledo
Totana
Cuevas del Reyllo
A30
48
1494
76
Fuente Alamo
Lorca
Río Guadalentín
24
A7
Tallante
713
Sierra de Almenara
Puerto Lumbreras
Cartagena
Mazarrón
881
La Azohía
Puerto de Mazarrón
Escombreras
32
Golfo de Mazarrón
Los Estrechos
Cope
Aguilas
119
0
15 km
N
© MERIAN-Kartographie
Cuevas de Almanzora

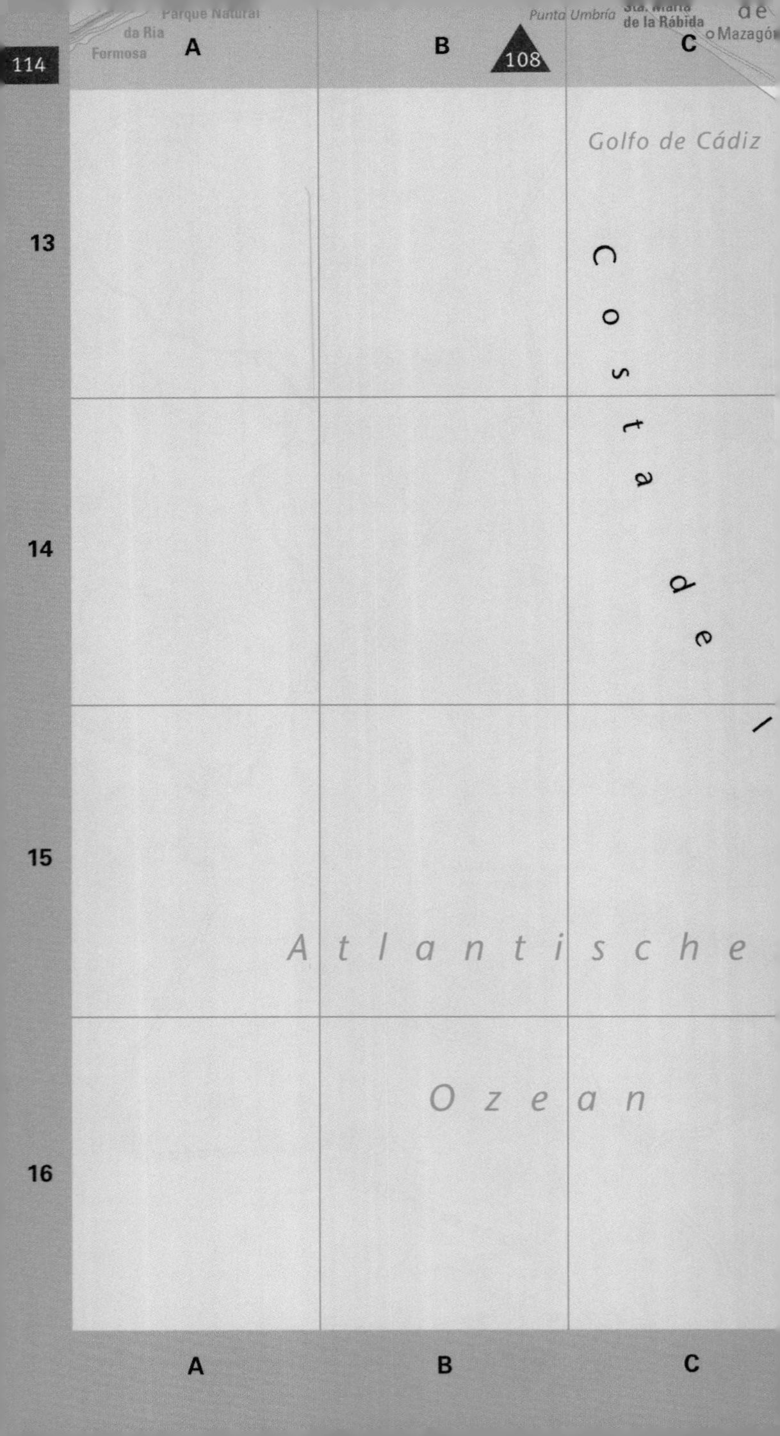
Parque Natural
da Ria
Formosa
Punta Umbría
de la Rábida
Mazagón
108
Golfo de Cádiz
Costa del
Atlantische
Ozean
A B C
13
14
15
16
A B C

109
115
116
D
E
F
13
14
15
16
El Rocío
Hermanas
Utrera
AP4
376
483
N IV
22
El Palmar de Troya
El Coronil
E. de Torre del Aguila
Parque Nacional de Coto de Doñana
Las Marismas
Río Guadalquivir
Las Cabezas de San Juan
Montellano
Lebrija
34
Trebujena
471
de Malandar
Bonanza
Villamartín
Guadalete
Bornos
25
Río
E. de Bornos
E 25
N IV
Sanlúcar de Barrameda
el Perro
ipiona
Nueva Jarilla
E. de Arcos
2
AP4
382
Arcos de la Frontera
10
El Bosque
Nat. de Sierra de Grazalema
N.S. de la Regla
JEREZ DE LA FRONTERA
Jédula
Monasterio de la Cartuja
E. de Guadalcacín
Ubrique
Rota
La Mata
10
Río Guadalete
Villaluenga del Rosario
El Puerto de Santa María
17
Embalse de los Hurones
Cuevas de la Pileta
Bahía de Cádiz
San José del Valle
Puerto Real
10
Parque
CÁDIZ
13
381
10
393
Alcalá de los Gazules
17
San Fernando
Medina-Sidonia
Natural
Chiclana de la Frontera
E. de Barbate
Jimena de la Frontera
Cuevas del Tajo de las Figuras
de los
Conil de la Frontera
28
Barbate
381
Castellar de la Frontera
E. del Guadarranque
Vejer de la Frontera
Nuevo Castellar
Alcornocales
Río
L
U
Z
Barbate
N 340
Cabo de Trafalgar
50
Los Barrios
12
San Roque
A7
La Línea de la C
Zahara de los Atunes
Ruinas Romanas de Baelo
13
Algeciras
Gibralt
Punta
Playa de Bolonia
21
Tarifa
Bahía de Algeciras
Punta de Tarifa
Estrecho de Gibraltar
Ceuta (S
Ksar-es-Seghir
El-Biutz
Cabo Spartel
Tanger
665
P2
16
Melloussa
P28
25
17
El-Borj
MARROKKO
Régaia
P38
838
11
Martil
0
15 km
N
© MERIAN-Kartographie

A
B
C
110
Aguadulce
Estepa
A92
Palenciana
La Puebla de Cazalla
Osuna
Morón de la Frontera
La Roda
Alameda
A45
Laguna de la Fuente de Piedra
El Saucejo
Villanueva de San Juan
Los Llanos de Antequera
Campillos
17
Pruna
384
Teba
Antequera
Cuevas de Menga y Viera, Cueva del Rom
Olvera
Alcalá del Valle
E. del C. de Guadalhorce
Villa de Ca
Parque Natural del Torcal de Antequera
Zahara de la Sierra
Setenil
Parque
Garganta del Chorro
Ronda la Vieja
1654
Sierra de Grazalema
Nat. de Sierra de Grazalema
Parque Natural de la Sierra de las Nieves
Álora
Almogía
AP46
Hoya de Málaga
Grazalema
Ronda
Aljaima
E. del Agujero
Villaluenga del Rosario
Benaoján
376
369
Cocodrilo Park
MÁLAG
Cuevas de la Pileta
R. Guadiaro
Sierra de Tolox
Serranía de Ronda
Coín
Alhaurín el Grande
Churriana
18
Torremolinos
Sierra Bermeja
Mijas
Benahavís
Benalmádena
AP7
Gaucín
Fuengirola
Reales 1449
San Pedro de Alcántara
Marbella
E 15
A7
Punta de Calaburras
Punta de la Doncella
115
Estepona
Costa
Manilva
Nuevo Castellar
Sotogrande
A7
Punta Mala
19
San Roque
La Línea de la Concepción
Gibraltar (U.K.)
Punta de Europa
Bahía de Algeciras
Ceuta (Sebta) (E)
Punta Almina
Mittel
20
P28
Martil
A
B
C

D
E
F
111
117
118
17
18
19
20
Moclín
Benalúa de Guadix
Zagra
Montefrío
Embalse de Cubillas
Tocón
Valderrubio
Víznar
Guadix
Loja
A92
A44
GRANADA
Churriana de la Vega
Gabia la Grande
E. de Quentar
Calahorra
Parque Nacional de Sierra Nevada
Sierra Nevada
Zubia
Ventas de Huelma
Sierra Gorda
Malá
Otura
Solynieve
Vega de Granada
Padul
Mulhacén 3481
Pico de Veleta 3392
Alhama de Granada
Embalse de los Bermejales
Dúrcal
Capileira
Trevélez
Pampaneira
Yegen
Albuñuelas
Béznar
Lanjarón
Orgiva
Sierra de Tejeda
Sa. Almijara
Arenas
Archez
Cómpeta
Cueva de Nerja
Las Alpujarras
Vélez-Málaga
Guadalfeo
Sa. Contraviesa
A7
N 340
Torre del Mar
Nerja
Salobreña
Motril
Albuñol
La Rábita
Punta de Torrox
Almuñécar
834
Castell de Ferro
Cabo Sacratif
del Sol
Costa Tropica
Melilla (E)
0
15 km
© MERIAN-Kartographie

118
112
117
A
B
C
21
22
23
24
Benalúa de Guadix
Gor
2271
Alcontar
Serón
Albox
Cantoria
Río Gallego
Río Almanzora
Macael
Guadix
Charches
Calar Alto
2168
2080
A92
Calahorra
Fiñana
Sierra de los Filabres
Lubrín
Nevada
Parque Nacional de Sierra Nevada
Gergal
Río
Sorbas
El Desierto
A370
Tabernas
49
Laujar de Andarax
Canjáyar
Laroles
Yegen
Válor
Ugíjar
Ragol
Mini Hollywood
Sa. Alhamilla
Lucainena
Gádor
17
Los Millares
Níjar
Río Andarax
Sa. de Gádor
1443
Alvarez de Sotomayor
45
A7
Alpujarras
Río Grande
Berja
Sa. Contraviesa
ALMERÍA
34
La Rábita
15
El Ejido
Aguadulce
La Cañada
Punta del Río
Adra
8
Roquetas de Mar
Gata-Níjar
Punta del Moro
Punta Sabinar
Golfo de Almería
Cabo de Gata
Isla del Alborán (E)
Melilla (E)

D
E
F
Nieva
Vera
Estrechos
Cope
113
Cuevas de Almanzora
Playa de Vera
Garrucha
Mojácar
Aguas
A7
Carboneras
Punta de los Muertos
alquilar
enoveses
osta de Almería
Mittelmeer
21
22
23
24
D
E
0
15 km
© MERIAN-Kartographie

Zeichenerklärung
❍ Orte
Kap, Gebirge
∞ Landschaft
~ Gewässer, Strand
★ Sehenswürdigkeit
☆ Nationalpark

Hier finden Sie alphabetisch aufgeführt alle in diesem Band beschriebenen Orte und Ziele, Routen und Touren. Bei einzelnen Sehenswürdigkeiten steht jeweils der dazugehörige Ort in Klammern, bei Hotels steht zusätzlich die Abkürzung H für Hotel. Außerdem enthält das Register wichtige Stichworte sowie alle MERIAN-TopTen und MERIAN-Tipps dieses Reiseführers. Wird ein Begriff mehrfach aufgeführt, verweist die **fett** gedruckte Zahl auf die Hauptnennung im Band, eine *kursive* auf ein Foto.

Liebe Leserinnen und Leser,
wir freuen uns, Ihre Meinung zu diesem Reiseführer zu erfahren. Bitte schreiben Sie uns, wenn Sie Berichtigungen und Ergänzungsvorschläge haben oder wenn Ihnen etwas besonders gut gefällt:

TRAVEL HOUSE MEDIA GmbH, Postfach 86 03 66, 81630 München
E-Mail: merian-live@travel-house-media.de Internet: www.merian.de

Der Autor
Harald Klöcker ist freier Journalist und lebt in Köln. Zahlreiche Veröffentlichungen zu landeskundlichen, kulinarischen und touristischen Themen Spaniens. Er ist verantwortlicher Redakteur des Magazins »Spanien verstehen« und Berater für spanische Firmen und Institutionen.

Bei Interesse an Karten aus MERIAN-Reiseführern wenden Sie sich bitte an:
iPUBLISH GmbH, geomatics
E-Mail: geomatics@ipublish.de

Bei Interesse an Anzeigenschaltung wenden Sie sich bitte an:
KV Kommunalverlag GmbH & Co KG
MediaCenterMünchen
Tel. 0 89 – 92 80 96 – 44
E-Mail: kramer@kommunal-verlag.de

Fotos
Titelbild: J. Jepsen
O. Baumli 62, 77; Bialobrzeski 80; A. v. Bonin 32, 46; R. Gerth 4/5, 22, 50, 71, 74, 84, 93/93; Gonzalez/laif 28; U. Haafke 16, 35; O. Heinze 12, 18, 20, 90; Bildagentur Huber/ Ripani Massimo 30/31; Huber/laif 10/11; J. Jepsen 25, 40, 59; D. Klein/laif 45; A. Neumann/laif 7, 39, 44, 56, 57, 78, 86/87; Photo Press/Anissa 64; Photo Press/Bott 42; Photo Press/Dr. Brucker 48; H. G. Roth 76; T. Stankiewicz 6, 9, 14, 91, 104

Alle Angaben in diesem Reiseführer sind gewissenhaft geprüft. Preise, Öffnungszeiten usw. können sich aber schnell ändern.
Für eventuelle Fehler übernimmt der Verlag keine Haftung.

Programmleitung
Susanne Böttcher
Redaktion
Simone Schmidt
Lektorat
Julia Gschwilm
Gestaltung
wieschendorf.design, Berlin
Karten
MERIAN-Kartographie
Satz/technische Produktion
H3A GmbH, München
Druck
Appl, Wemding
Bindung
Auer, Donauwörth
Gedruckt auf
Nopacoat Edition von der Papier Union

1. Auflage

TRAVEL HOUSE MEDIA

100 JAHRE
GANSKE VERLAGSGRUPPE

Andalusien

MERIAN-Tipps

Tipps und Empfehlungen für Kenner und Individualisten

1 **Parador de Úbeda**
Stilvoll, ruhig und mitten im Stadtzentrum kann man in diesem Prunkgebäude aus dem 16. Jahrhundert übernachten (→ S. 13).

2 **Süßwaren aus den Klöstern Sevillas**
Traditionelles Süßgebäck und verführerische Marmeladensorten können direkt im Kloster gekauft werden (→ S. 15).

3 **Wandern im Naturpark Sierra de Cazorla, Segura y Las Villas**
Hier kann man noch Wildkatzen, Mufflons oder Damhirschen begegnen (→ S. 23).

4 **Sierra de Grazalema**
Der Naturpark lockt mit seiner bergigen Landschaft (→ S. 41).

5 **Flamenco-Museum in Sevilla**
Sinnenfreudig vorgestellte Schau zur Geschichte und Gegenwart des Flamenco (→ S. 47).

6 **Picasso-Museum in Málaga**
In der Geburtsstadt Picassos sind seit 2003 in einem eigenen Museum mehr als 200 seiner Werke zu sehen (→ S. 54).

7 **Antigua Casa de Guardia**
In der ältesten Bodega Málagas gibt es die Weine direkt aus dem Fass (→ S. 55).

8 **Medina Azahara**
Sehenswert sind die Ruinen, Reliefverzierungen und Mosaiken in der einstigen Palaststadt Madinat al-Zahrá (→ S. 65).

9 **Urige Tavernen in Córdoba**
Sie laden nicht nur zu einem – dem Sherry ähnlichen – Glas Weißwein ein (→ S. 66).

10 **Úbeda**
Wenn Sie sich an Renaissancepalästen nicht satt sehen können – in dieser Stadt haben rund 70 Bauten aus dem 16. und 17. Jahrhundert überdauert (→ S. 78).

⇠ MERIAN-Top-Ten finden Sie auf Seite 1